MAGNUS LINDBERG

Ircam – Centre Georges-Pompidou

Les Cahiers de l'Ircam
Collection «Compositeurs d'aujourd'hui»
Ircam 1993
ISSN : en cours
ISBN : 2-85850-732-5

Directeur de la publication
LAURENT BAYLE

Directeur délégué
RISTO NIEMINEN

Secrétariat de rédaction
CLAIRE MARQUET

Communication
MAGALI NOËL

Rédacteur-rewriter
ANDREAS WALLBERG

Maquettiste
ISABELLE PICARD

Conception graphique
Agence COMME ÇA

A paraître

4. 4e trimestre 1993, DENIS COHEN
5. 1er trimestre 1994, PHILIPPE HUREL
6. 2e trimestre 1994, KAIJA SAARIAHO

SOMMAIRE

ENTRETIEN AVEC MAGNUS LINDBERG
Peter Szendy
9

LE TEMPS ET LA FORCE
(à propos de *UR* et de *Kraft*)
Jean-Pierre Cholleton
29

LA POINTE DU STYLE
(à propos de *Joy*)
Peter Szendy
53

ANNEXES
Risto Nieminen

ŒUVRES
77

DISCOGRAPHIE
116

BIBLIOGRAPHIE
121

Coordination rédactionnelle
Risto Nieminen

ENTRETIEN AVEC MAGNUS LINDBERG

PETER SZENDY

Comment voyez-vous le rapport de la musique à ce que l'on a pu appeler l'«extra-musical» ?

Jusqu'à maintenant, j'ai surtout été préoccupé par des problèmes strictement musicaux. *Composers write notes*, disait Stravinsky. Je n'ai pas ressenti le besoin d'avoir recours à des structures extramusicales – ni comme modèles ni comme stimulants. Je ne crois pas à la *fusion* des arts, et ce qui me gêne avant tout, ce sont les tentatives de *traduction* : la musique est un langage, non une langue – elle ne souffre pas de traduction.

Cela dit, il peut arriver qu'une expérience architecturale, par exemple, provoque chez moi des sensations d'équilibre et d'espace semblables à celles produites par la musique. Et, dans *Action - situation - signification*, un des points de départ de l'élaboration de l'œuvre fut la lecture de *Masse und Macht (Masse et puissance* [1]), un livre d'Elias Canetti qui décrit certaines analogies entre les phénomènes naturels et les comportements humains. Mais je ne tisse jamais consciemment de liens cryptiques entre ces domaines.

Je dirais la même chose de la biographie : s'il est évident que notre vie transparaît d'une certaine manière dans les œuvres, je pense toutefois que la musique est un *médium* suffisamment raffiné pour *filtrer* ces expériences ; on ne peut pas assigner telle section de telle pièce à un moment euphorique ou à un moment dysphorique. La musique n'est pas *à ce point* programmatique.

[1] Gallimard, Paris, 1986.

Je dois dire, d'ailleurs, que les expériences qui entraînent de véritables ruptures dans ma pensée compositionnelle viennent le plus souvent de mes activités avec l'ensemble Toimii, que j'ai créé au printemps 1980 avec des amis compositeurs et interprètes [2]. Nous donnons des concerts qui, du point de vue du style, sont assez éloignés de ce qui se fait d'habitude. Nous avons joué des pièces futuristes et, récemment, nous avons monté des œuvres de Kurt Schwitters, des pièces radiophoniques, du théâtre musical. Et ces éléments étrangers à mon travail ont souvent eu une influence très féconde sur mon écriture. Ainsi, sans Toimii, je n'aurais jamais pu écrire des partitions telles que *Kraft* ou *Action - situation - signification*.

Quels ont été vos premiers essais compositionnels ?
J'avais essayé d'écrire quelques petites pièces sans importance, vers l'âge de 7 ou 8 ans. Mais ma première composition, entreprise en 1974-1975, fut *Donor,* pour orchestre, dont le titre provenait de la chimie ! Elle n'a jamais été interprétée : ma première œuvre que j'ai pu entendre en concert est *Tre stycken* (*Trois pièces*), pour cor et trio à cordes, de 1976. Je jouais à l'époque au sein d'un duo avec le pianiste Risto Väisänen, qui était également mon professeur de contrepoint, d'analyse et de théorie musicale à l'académie Sibelius. Nous accordions une large place à la musique contemporaine : les *Structures* de Boulez, des œuvres de Zimmermann, de Stockhausen. Nous donnions beaucoup de concerts et, tous les samedis, nous nous rencontrions pour filer le répertoire, mais aussi pour déchiffrer à quatre mains des quatuors à cordes, des symphonies, des partitions de tout genre. En tant que pianiste, j'ai également créé beaucoup de pièces de compositeurs finlandais de ma génération. Je tenais aussi souvent la partie de claviers dans des orchestres et, lorsqu'il s'agissait du répertoire contemporain, je demandais toujours à être là. Je suis donc venu à ce métier de compositeur en quelque sorte par le côté des cuisines !
J'étais très attiré par le sérialisme et, pour mes propres pièces,

[2] Parmi les membres de l'ensemble Toimii («Ca marche»), on peut citer : Juhani Liimatainen, Kari Kriikku, Anssi Karttunen, Esa-Pekka Salonen.

je développais toutes sortes de tableaux et de grilles sérielles. J'écrivais vraiment des pièces «hyper-sérielles». J'avais entrepris, en 1977, un cycle de chants sur des textes du poète finlandais Gunnar Björling. Mais ma méthode était si contraignante et complexe que, après plusieurs mois de calculs, seul l'un des chants projetés fut achevé : *Jag vill breda vingar ut, (Je vaux étendre mes ailes)* pour mezzo-soprano et piano. Je me sentais très proche de la musique de Stockhausen, de pièces comme *Kontakte, Mikrophonie I,* mais aussi de l'école sérielle américaine – du compositeur Milton Babbitt, notamment.

En 1977, j'ai commencé à étudier la composition, toujours à l'académie Sibelius, avec Einojuhani Rautavaara, puis avec Paavo Heininen, tout en suivant les cours d'Osmo Lindeman sur la musique électro-acoustique. J'ai également travaillé au Studio de musique électronique de Stockholm (EMS), d'abord en 1977 et 1978, puis de nouveau en 1980 : c'était à l'époque un centre important pour l'informatique musicale – le seul, d'ailleurs, dans les pays nordiques. Ce fut mon premier véritable contact avec l'informatique, bien que, mon père travaillant chez IBM, nous avions toujours des ordinateurs à la maison.

Heininen a étudié avec Vincent Persichetti [3] aux Etats-Unis, puis avec Zimmermann en Allemagne. Il était très ouvert et il avait une profonde connaissance du répertoire contemporain, qu'il faisait rayonner par son enseignement. Il est un des premiers compositeurs finlandais à avoir adopté un style dodécaphonique cohérent. Il nous a fait découvrir des compositeurs qui comptaient beaucoup pour lui : Roberto Gerhard, Karl Amadeus Hartmann, Michael Tippett, Elliott Carter... Il était et reste une figure importante pour les musiciens de ma génération.

Quelle était la situation musicale en Finlande ?

Alors que, dans les années 60, la Radio ou des festivals tels que celui de Jyväskylä avaient invité des compositeurs comme Ligeti, Nono ou Stockhausen, il était décourageant de voir que, dans les années 70, les œuvres marquantes de l'après-

---

[3] Compositeur américain né en 1915, Vincent PERSICHETTI a enseigné à la Julliard School à partir de 1947. Il est l'auteur d'un important *Traité d'harmonie.*

guerre n'étaient quasiment pas jouées à Helsinki. En 1977, nous avons formé une association, qui s'appelait «Korvat auki» (Ouvrir les oreilles), afin de réunir des compositeurs et des interprètes. Et nous organisions des concerts parfois assez irréalistes – *Mikrophonie I* de Stockhausen dans une salle de deux mille places ! –, ainsi que des séminaires, des conférences. Du fait de notre attitude très critique, nous étions considérés comme assez arrogants. Mais au cours de ces réunions presque hebdomadaires, de ces longs week-ends autour des thèmes les plus divers – Berio, Zimmermann, l'opéra, la tradition vocale, la musique américaine... –, il s'est créé un dialogue fécond entre des compositeurs qui, s'ils ne pratiquaient pas nécessairement des styles identiques, avaient certainement plus de points communs qu'aujourd'hui : Esa-Pekka Salonen, Kaija Saariaho, Jouni Kaipainen...

Autoportrait avec Sibelius et Grisey (Stravinsky y est aussi)

Vous avez ensuite beaucoup voyagé en Europe.
Comme bien d'autres compositeurs, j'ai participé aux cours d'été de Darmstadt. J'y ai rencontré Helmut Lachenmann – un compositeur dont la pensée m'a beaucoup marqué – et Brian Ferneyhough. Puis je suis allé à Sienne, pour suivre l'enseignement de Franco Donatoni, dont l'approche très différente fut pour moi un choc stimulant. En 1981, j'ai commencé à étudier avec Vinko Globokar à Paris ; il avait une vision plus ouverte de la création musicale : pour lui, il ne s'agissait pas seulement de structures, mais aussi d'une conscience aiguë de l'univers instrumental. Et, parallèlement à mes études avec Globokar, j'ai travaillé avec Gérard Grisey.
Tous ces pôles d'attraction, assez éloignés, ont constitué une somme d'influences assez heureuses. Et je recherchais cette diversité de références comme autant de langages, car à cette époque, d'un point de vue stylistique, je n'avais pas de véritable inquiétude, je savais assez exactement ce que je voulais. Ce qui n'a pas toujours été le cas par la suite !

Face à ces influences si diverses, vous sentez-vous appartenir à une tradition finlandaise ?
On n'échappe jamais à son passé. Mais il est vrai que, durant ces douze dernières années, je résidais beaucoup plus souvent à l'étranger qu'en Finlande. Et, tout en me sentant finlandais, je suis aussi quelque peu à l'écart du climat culturel de ce pays. Du reste, en tant que compositeur, il me paraît essentiel de ne pas être trop lié à un lieu ou à une esthétique déterminée, d'avoir une certaine indépendance.

Vous avez parlé, à plusieurs reprises, de Sibelius, à propos de certaines de vos œuvres. Ressentez-vous une affinité particulière avec sa musique ?
J'ai souvent dit qu'il est dommage que Sibelius ait été finlandais ! Sa musique a été très mal comprise. Son langage n'était certes pas moderne, mais sa pensée, quant à la forme et au traitement du matériau, était en avance sur son temps. S'il revient à Varèse d'avoir ouvert des voies aux nouvelles sonorités, Sibelius, quant à lui, était allé très loin dans une réflexion sur les problèmes formels et structurels de la composition. Je ne trouve pas très juste qu'il ait été considéré comme conservateur, même si la surface de sa musique reste très dépendante d'une pensée tonale traditionnelle.
Dans ses dernières œuvres symphoniques, le développement et le travail thématique sont vraiment dignes d'intérêt. Chaque thème donne naissance à un autre, selon de véritables cycles de métamorphoses. L'œuvre – toute l'œuvre – est en perpétuelle évolution. En même temps, cette façon de procéder par associations successives est très liée à une conception narrative. Ses harmonies, bien que tonales, ont un côté très *sonore*, pour ainsi dire presque spectral. Il existe chez Sibelius un travail sur la sonorité qui est finalement assez proche de ce qui apparaîtra bien plus tard chez Gérard Grisey ou Tristan Murail, qui étaient très intéressés par la musique de Sibelius il y a dix ans. Peut-être le sont-ils encore ? Toujours est-il qu'à l'époque la *Septième Symphonie*, notamment, faisait l'objet d'un véritable culte !
L'aspect le plus essentiel de son œuvre demeure pour moi sa

conception de la *continuité*. Dans *Tapiola*, surtout, la manière de créer de véritables *processus* à partir d'un matériau très limité est assez exceptionnelle. Peu de compositeurs, que ce soit avant ou après lui, ont travaillé dans ce sens.

Il me semble que ce souci d'une évolution continue et ce rapport à une dimension mythique ont également des résonances très wagnériennes.
Certainement. Toutefois, mon propre rapport à l'œuvre de Wagner est longtemps resté assez distant, peut-être du fait que j'ai très peu d'expérience avec l'écriture vocale. Et, curieusement, j'ai toujours eu beaucoup d'admiration pour Brahms, un compositeur qu'il était très à la mode de détester, à l'époque où j'étudiais à l'académie Sibelius.
Aujourd'hui, au contraire, Wagner m'est devenu très important. Son œuvre est un modèle de *fusion* de tous les paramètres du discours musical – le rythme, l'harmonie, la mélodie… – au sein d'un perpétuel devenir. Et je réfléchis beaucoup, en ce moment, à ce que devrait être l'opéra aujourd'hui. J'ai en effet des projets, mais rien n'est encore arrêté : il va falloir que je prenne bientôt une décision, ce qui m'effraye un peu. Et, sur cette voie de l'opéra, l'œuvre wagnérienne est inévitable.

La continuité narrative est-elle pour vous un aspect important de la composition ?
La musique est un art de l'expression dramatique. Je n'ai rien contre la musique narrative, considérée aujourd'hui comme une sorte de tabou. La façon dont Witold Lutoslawski parvient à incarner le travail thématique dans de véritables *personnages*, presque comme dans une pièce de théâtre, est extraordinaire. J'aime qu'il y ait une *direction* dans une œuvre, un développement, une évolution entre le début et la fin. Mes concepts sont comparables – mais non identiques – à ceux de la pensée tonale : je considère la musique en termes de tensions, de relations de suspension – voire de *suspens* –, et je trouve dommage que l'on ait oublié tout ce qui fait la richesse de la musique tonale, au profit de structures statiques qui relèvent plutôt du moment, de l'instant isolés.
Aujourd'hui s'écrivent beaucoup de pièces qui ne sont que

l'investigation d'une seule idée. Si l'on travaille avec des oppositions, avec des idées contrastées, on est taxé de classicisme du fait d'une proximité avec la pensée bithématique de la sonate. Quant à moi, je souscris volontiers à ce classicisme, s'il veut dire que l'on admet les tensions et le caractère narratif comme composantes de l'écriture.

Lorsque vous étiez invité au centre Acanthes en 1992, vous avez analysé les Noces *de Stravinsky.*
Ces dernières années, Stravinsky m'a en effet à nouveau beaucoup influencé. J'ai toujours eu à proximité de ma table de travail la partition du *Sacre du printemps*. Mais les *Noces* sont une œuvre très particulière, par la façon d'utiliser un matériau sauvage avec une technique raffinée. Et ce qui m'a intéressé, c'était de dégager la conception thématique qui s'y fait jour : les thèmes ou les motifs des *Noces* sont travaillés non pas dans un sens linéaire, mais de manière à créer une sorte de *gravitation*. D'un certain point de vue, on pourrait presque dire que je suis à ma manière le développement de l'œuvre de Stravinsky. J'ai d'abord été très attiré par ce style sauvage. Mais j'ai maintenant une égale admiration pour les pièces dites néo-classiques, souvent déconsidérées et mal comprises. Leur légèreté, leur *allure* sont très stimulantes : Stravinsky a vraiment su créer une sensation de mouvement qui tranche avec les harmonies *gelées* de nombre d'œuvres contemporaines. C'est cette vivacité qui m'attire, beaucoup plus que des structures statiques.

On a parfois comparé la technique de Stravinsky à celle du montage cinématographique.
Le cinéma est un art qui me semble très proche de la musique, à cause justement de cette technique de montage, de coupures. De plus, le *timing* y est toujours exact, contrairement au théâtre où il reste un élément moins déterminé. En tant que compositeur, je pense que l'on peut apprendre beaucoup du septième art : et j'ai certainement beaucoup plus appris en réfléchissant au montage que dans tous les traités sur la forme musicale. Les théories de Tarkovsky – notamment dans *Sculpting in time* (*Le*

Temps scellé) – ou encore celles d'Eisenstein m'ont fortement influencé.

Le style et l'idée

Comment concevez-vous la question du style ?
Si j'ai pu être dogmatique par le passé, je me définirais maintenant plutôt comme un empiriste, un pragmatique : je mêle la combinatoire, les idées spectrales, voire certains aspects que l'on considère comme minimalistes ou encore des éléments de la musique tonale. Le langage doit avant tout être *riche*. Et, si je pense que la structure doit être forte et cohérente, je ne vois pas pourquoi l'on devrait éliminer pour autant ces éléments qui contribuent à l'expression. Le langage, dans sa diversité même, est fertile et l'on doit le laisser fleurir. Même si j'emploie des éléments consonants, même s'il y a parfois des citations dans mes œuvres, je ne me suis cependant jamais reconnu comme post-moderne. Du reste, c'est un terme qui, s'il peut avoir un certain sens en architecture, est employé à tort et à travers en musique. Ainsi, je ne sache pas que Zimmermann ait été post-moderne, lorsqu'il cite soudain Beethoven et Scriabine dans *Photoptosis*.

Quel rôle les citations ont-elles dans votre écriture ?
Il existe des citations dans toute musique. Je ne vois pas comment pourrait-on totalement éviter de répéter une part, aussi infime soit-elle, de ce qui a déjà été fait. Cela dit, pour moi, les citations, ou plutôt les allusions, viennent le plus souvent du fait que le matériau avec lequel je travaille révèle des aspects qui y sont cachés – dans les structures harmoniques, notamment. Le matériau n'est pas neutre. Dès que l'on combine trois ou quatre notes, des ramifications se créent vers toutes les musiques. Quoi que l'on fasse, ces ramifications sont là, présentes, même si elles peuvent être cachées et je ne vois pas le danger qu'il y aurait à les montrer. Il peut arriver que, parmi les accords que je développe, certains ressemblent à ceux de Purcell, par exemple. Ces références sont tellement fortes qu'elles *s'imposent* à l'audition. Et je n'ai pas peur qu'elles sautent aux yeux !

Ces allusions sont donc en quelque sorte découvertes au cours de votre travail, plutôt que pensées a priori *comme telles ?*
Tout à fait : je ne les recherche pas pour elles-mêmes. Je tracerais peut-être une limite avant le moment où la musique devient spéculative : j'aime trop la musique pour spéculer avec ! Travailler avec des citations afin de donner plus de sens aux choses qu'elles n'en contiennent, cela ne m'intéresse pas. De fait, j'ai de moins en moins peur des idées *simples*, univoques : elles doivent elles aussi trouver leur place dans l'écriture, être intégrées à l'expression.

Vous avez beaucoup parlé d'harmonie, de ce que l'on désigne comme étant la dimension verticale de l'écriture musicale. Comment concevez-vous la relation entre cette dimension et le développement horizontal – «mélodique» – du discours ? Ou encore, ce que Pierre Boulez a pu qualifier de dimension «oblique» ?
Je n'ai jamais vraiment pensé la musique en termes de mélodie. Je ne peux pas nier qu'il existe des mélodies dans mes œuvres, mais je n'ai jamais travaillé cette dimension pour elle-même. J'ai toujours essayé d'éviter les *phrases*. Dans une œuvre comme *Kraft*, j'étais avant tout préoccupé par des problèmes d'ordre rythmique. En revanche, à partir d'*UR*, de *Kinetics*, de *Joy*, ou dans des pièces plus récentes comme *Corrente*, s'il existe un travail théorique, celui-ci porte principalement sur la structuration de l'harmonie, et ce en mêlant deux esthétiques : d'une part, une visée combinatoire, issue de la *set theory* telle qu'elle est formulée chez Allen Forte – c'est-à-dire une pensée dodécaphonique qui, plutôt que sur l'emploi de séries, repose sur une classification des accords et de leurs rapports ; et, d'autre part, une démarche orientée vers l'expérience spectrale, qui conçoit un accord comme un ensemble de partiels d'une fondamentale. Je considère l'harmonie en partie comme un phénomène empirique, d'un point de vue coloriste, et en partie comme l'objet d'un travail contrapuntique.
Certes, *Kinetics*, *Marea* ou *Joy* relevaient encore d'une écriture très gestuelle, que j'ai abondonnée avec *Corrente*, au profit d'une plus grande continuité. Je m'intéresse aussi de plus en

plus au contrepoint, à ce que, en allemand, on appelle le *Satz* – et c'est peut-être, de ma part, une façon d'approcher l'écriture vocale. Mais l'harmonie reste pour moi le problème fondamental de la musique.

Vous avez mentionné, notamment à propos de Joy, *le principe de la chaconne. Comment employez-vous ce principe ?*
J'ai bâti une suite d'accords, qui constituent en quelque sorte le *squelette* de toute l'œuvre. Ils sont omniprésents, ils donnent forme et identité à l'œuvre. Ils représentent également les points de départ ou d'arrivée des processus évolutifs. Je les emploie à la fois comme des catalyseurs et comme des points de repère. Il s'agit peut-être, en définitive, d'une manière de substitut thématique [4].
Joy est une pièce qui, malgré une certaine complexité de surface, est assez homophonique. Jusqu'à maintenant, je n'ai pas vraiment recherché la polyphonie, à part, peut-être, dans des compositions plus anciennes – comme *Sculpture II,* de 1981, qui se fondait sur des strates hétérogènes.

Comment naît l'idée d'une œuvre ? Vos nouveaux projets compositionnels ont-ils des points d'ancrage dans des pièces précédentes ?
Je vois mon travail comme un parcours continu – une idée que l'on retrouve chez Luciano Berio, par exemple. Ce que l'on compose fait toujours partie d'un *work in progress*. Je n'ai jamais pensé que chaque nouvelle pièce était un point de rupture radical : une vision des choses très répandue il y a une vingtaine d'années. Même si la composition reste une recherche, même si elle relève d'un désir de découverte, il existe une continuité «organique» entre les œuvres.
Il est vrai que, d'une pièce à l'autre, on procède à des focalisations sur certains aspects. Mon travail a toujours été orienté par une volonté de compréhension de certaines dimensions spécifiques du langage : le paramètre rythmique, le paramètre harmonique... Ce n'est que depuis peu que je me détourne de ces polarisations volontaires, pour tenter au contraire une syn-

[4] Voir, dans cet ouvrage, l'article *La pointe du style,* note 3, p. 56.

thèse des différents paramètres au sein d'un discours aussi *continu* que possible.

Quoi qu'il en soit, mes œuvres sont comme des *îles*, autour d'un projet majeur. Ce fut le cas avec *Kraft*, dans les années 1980-1985 : lorsque j'ai écrit *Action - situation - signification* en 1982, je voyais cette œuvre comme une sorte de musique concrète avec des instruments – presque dans le sens où Helmut Lachenmann parle de «musique concrète instrumentale» ; en 1983, avec *Zona*, je me suis pour ainsi dire livré à une étude d'écriture instrumentale soliste au sein d'un ensemble ; puis avec *Metal Work*, en 1984, j'ai voulu explorer les sonorités métalliques. Tous ces éléments sont réunis dans *Kraft*. J'ai également toujours considéré *UR* – mon premier projet à l'Ircam – comme l'équivalent de *Kraft* avec un effectif de musique de chambre. A ce groupe d'œuvres appartient aussi *Faust* (1985-1986), une pièce radiophonique.

Un autre archipel serait celui formé par le triptyque orchestral *Kinetic*, *Marea* et *Joy*.

Retravaillez-vous vos œuvres après leur création ?

Ritratto aura été, de ce point de vue, une expérience difficile. J'ai travaillé à cette pièce pendant quatre ans. La première version, qui durait une quarantaine de minutes, comprenait cinq mouvements ; petit à petit, au cours des années, elle s'est transformée en un seul mouvement continu, par suite d'une réduction drastique (la version finale ne dure que treize minutes). Ce qui est étrange, c'est que je n'avais supprimé que très peu de musique : il s'agissait plutôt d'une contraction, d'une immense *compression*.

Récemment, pour l'enregistrement de *Zona* en 1991, je suis revenu sur cette partition que j'avais écrite en 1983, me retrouvant huit ans après face à des idées que j'avais oubliées. De plus en plus, je ressens le désir de retoucher mes pièces. Ce peut être dangereux, mais je pense que cela tient aussi au fait que j'ai une vision de plus en plus claire de ce que je veux faire. Mon *Concerto pour piano* de 1991 me pose beaucoup de problèmes dans son état actuel ; mais je ne sais pas si je réussirai à *déchirer* la pièce pour la recomposer de manière plus cohérente.

J'aime trop l'orchestration pour ne pas être prudent : on ne peut pas tout savoir *a priori* ; il faut être capable de revenir sur ce que l'on a fait et d'admettre que tout ce que l'on imagine ne fonctionne pas nécessairement de façon heureuse.

Corrente II, pour orchestre, aura également été un projet particulièrement intéressant dans cette perspective : j'ai véritablement réécrit la pièce (*Corrente* est conçu pour seize instruments) ; j'ai tout modifié – aucune mesure n'est identique – et cependant la musique reste la même.

Entre l'idée d'une pièce, telle que vous pouvez la formuler dans des esquisses ou des projets formels, et sa réalisation, y a-t-il beaucoup de modifications ?

Si j'ai pu faire partie de ces compositeurs qui préparaient un schéma formel séduisant qu'ils réalisaient ensuite soigneusement, je dois dire que, aujourd'hui, je n'écris plus du tout ainsi. Il m'arrive d'établir un plan pour la forme, mais, quand le matériau avec lequel je travaille commence à gagner plus de substance, je m'efforce d'être très sensible aux *tendances* qui s'y font jour, à son caractère organique – ce qui me conduit souvent à modifier la structure en retour.

Cette démarche me semble précieuse par sa fragilité même : la structure entraîne le matériau dans une certaine direction, qui n'est pas nécessairement la sienne propre ; de cette collision émergent des idées nouvelles, des énergies qui ne sont pas toujours des synergies. C'est là pour moi l'aspect vraiment mystérieux de la composition. Pour pouvoir trouver quelque chose, je dois donc avoir une structure *a priori* : lorsque je travaille avec l'ordinateur, par exemple, je crée quelques contraintes qui vont *régler* tel passage harmonique ; puis, en analysant le processus ainsi engendré, j'y *découvre* des aspects cachés. En ce sens, ma démarche est certainement plus déductive qu'inductive.

Et c'est dans ce cadre que la spontanéité et l'intuition peuvent jouer un rôle : je *trouve* des choses, mais je ne les invente pas.

Comment concevez-vous la fin d'une œuvre ?

Si je n'ai jamais eu de problèmes avec le début d'une pièce, en revanche, j'ai souvent du mal à en définir la fin. Est-ce le moment où l'on n'a rien de plus à dire, rien à ajouter ? Est-ce un point d'interrogation, de suspension ? Est-ce le moment où l'on doit dénouer le drame ? Je ne saurais vraiment dire.

Kraft a certainement été la pièce dont la fin m'a posé le plus de difficultés. J'étais très sceptique vis-à-vis de cette *coda* ; cependant, *a posteriori*, je peux dire qu'elle est peut-être parmi les solutions les plus simples et les plus efficaces que j'aie su formuler.

On pourrait s'interroger sur le concept de *cadence*. On ne travaille plus avec ce concept, à l'exception, peut-être, de Messiaen qui employait volontiers l'accord majeur avec sixte ajoutée – l'accord cadentiel par excellence. J'ai beaucoup réfléchi à cette question : que pourrait être une cadence aujourd'hui ? Et bien sûr, la cadence la plus importante, c'est toujours la fin d'une pièce.

Vous arrive-t-il de laisser certaines réalisations à la discrétion de l'interprète ?

Si j'ai pu écrire des formes ouvertes – ce fut le cas avec *Drama*, pour orchestre, en 1981, ainsi qu'avec *Play 1*, pour deux pianos, en 1979 –, cela ne m'intéresse plus guère. Dans le cours de mon travail compositionnel, la forme est, bien entendu, ouverte ; mais le choix et la définition restent finalement de mon ressort. En revanche, il m'est arrivé, en travaillant à mon *Duo concertante* avec Anssi Karttunen ou Kari Kriikku, qui me sont très proches, de leur donner une partition qui ne comportait aucune indication quant à la dynamique, au phrasé ou à l'articulation. Comme peuvent l'être les éditions *Urtext* de Bach ! Et c'était fantastique de voir comment – après avoir, il est vrai, travaillé avec moi pendant des années – ils cherchaient et trouvaient une certaine expression. Nous avons alors passé quelques jours ensemble à noter ce qu'ils avaient développé.

Le problème, avec beaucoup de pièces contemporaines, est leur *surnotation*. On n'a pas assez confiance dans ce que l'on écrit : on surcharge la notation pour finir par noter ce qui est évident, en laissant de côté ce qui ne l'est pas. Finalement, loin de l'enrichir, on affaiblit plutôt la notation.

«*Urban jungle*» et classicisme

On a employé, à propos de certaines de vos œuvres, l'expression «urban jungle».

Cela concernait surtout cette période autour de *Kraft*. Les timbres que j'utilisais – proches, parfois, de ceux de la musique concrète – ont pu rappeler les sonorités des groupes de rock et de punk, que j'avais découverts à Berlin en 1984 et 1985. J'ai été très attiré par cette musique que j'ignorais. Mais ce point de convergence ne concernait que l'aspect sonore et non – du moins je l'espère – la structure !

A présent, je parlerais plutôt, dans mes œuvres récentes, d'un certain classicisme.

Qu'entendez-vous par classicisme ?

C'est une question difficile ! Peut-être une certaine pureté – surtout dans les sonorités avec lesquelles je travaille. Il y a également beaucoup d'aspects de la musique classique que la pratique contemporaine a négligés : notamment la différenciation fonctionnelle des strates, telle qu'elle pouvait exister entre la mélodie et l'accompagnement. Je ne veux pas dire par là que l'on pourrait tout simplement revenir à des mélodies accompagnées, mais il est dommage de se priver d'établir des hiérarchies entre un premier plan et un arrière-plan.

Ma propre musique, malgré une certaine complexité de surface, est longtemps restée très homogène. J'ai actuellement un grand besoin de polyphonie, d'un véritable contrepoint. Et cela relève, à l'évidence, d'une technique classique. Je n'aime pas que la musique contemporaine se définisse uniquement par négation : je souhaite que le style soit doté d'un plus grand pouvoir d'intégration. Et pour y arriver, il faut purifier, diminuer les saillies de certains aspects, de manière à *ouvrir* le style, à ouvrir l'écriture. Je ne pourrais pas travailler actuellement avec une sonorité aussi sauvage que dans *Kraft*, par exemple.

Le classicisme est aussi certainement un goût pour l'équilibre. Pour le drame dans l'équilibre de la forme.

Cet équilibre de la forme, le réalisez-vous avec des proportions spécifiques ?

J'ai beaucoup travaillé avec des proportions, mais, actuellement, il est rare que je définisse de tels rapports de durées. J'emploierais volontiers une métaphore thermodynamique : j'ai des liquides que je mélange et qui créent toutes sortes de turbulences et d'interactions.

Je ne conçois plus la composition comme un agencement de *blocs de durées* proportionnés et je pense que l'écriture a plutôt à voir avec des phénomènes fluides.

Vous parlez de mélodie et d'accompagnement, de premier plan et d'arrière-plan. Comment pouvez-vous réaliser ces catégories sans avoir recours à un langage tonal ?

Je me suis attaché à réaliser ces catégories dans *Kinetics*. Le point de départ de cette pièce était une sorte de *dualité* dans la pensée harmonique. Le premier plan avait une forte tendance à la combinatoire, tandis que le second plan, constitué par des harmonies spectrales aux irisations infrachromatiques, venait en quelque sorte le *colorer*.

Dans une pièce comme *Sculpture II*, j'avais tenté de détruire à tout prix les hiérarchies établies au sein de l'orchestre. Je voulais éviter les contrastes classiques entre les pupitres – entre les cordes, les bois, les cuivres –, des contrastes qui aujourd'hui ne m'effrayent plus. L'équilibre de l'orchestre est à la fois parfait et bancal – on ne peut pas éternellement lutter *contre*.

La vitesse et l'ordinateur

Vous avez écrit une pièce inspirée d'un film de Buster Keaton.

Steamboat Bill Jr. est en effet une sorte d'hommage à Buster Keaton. C'est une pièce virtuose et j'ai toujours eu beaucoup d'admiration pour la virtuosité de Buster Keaton.

A l'époque, mon ami violoncelliste Anssi Karttunen m'avait fait connaître une version de *Pulcinella* pour violon et violoncelle réalisée par un compositeur suisse – version que Stravinsky lui-même, lorsqu'il l'avait entendue, avait trouvée très bonne. Cela m'avait fasciné de penser qu'une pièce comme *Pulcinella* restait présente quand bien même on la jouait uniquement sur ces deux instruments. C'était pour moi comme la pointe d'un iceberg.

Et c'est cette impression qui m'a conduit à essayer d'écrire cette pièce pour clarinette et violoncelle avec une pensée proprement orchestrale. Comme Buster Keaton, qui navigue seul sur un grand bateau, les deux musiciens sur scène représentent tout l'orchestre.

Cette pièce en duo est également conçue avec des harmonies que l'on imaginerait plus volontiers dans une pièce pour orchestre. Il s'agit d'une sorte de faux contrepoint, les deux instruments essayant de couvrir la totalité des champs harmoniques, de manière à donner l'impression que c'est un orchestre qui joue, alors que seules deux ou trois voix sont présentes. Ce sont des structures qui changent assez rapidement – un peu comme chez Bach : on passe très vite de l'une à l'autre. Et cette vitesse même crée une texture kaléidoscopique, selon un enchaînement harmonique récurrent. Comme si l'on tournait autour d'une statue, en en découvrant chaque fois des facettes différentes.

La vitesse, justement, joue-t-elle un rôle important dans vos œuvres ?

Je suis très attaché à la vitesse. C'est pour moi une obsession. Et je pense que très peu d'œuvres contemporaines sont véritablement *rapides,* au sens de l'*allegro* de la sonate classique. Il peut y avoir beaucoup de notes, mais cela ne constitue pas encore une rapidité au niveau de l'écriture. J'aime avoir une grande quantité de mouvements et j'aime également la virtuosité instrumentale. Je recherche une sorte de structure stroboscopique, une vivacité musicale, que j'essaie de créer par le degré de mobilité de l'harmonie. Même si je travaille avec des accords qui sont gelés dans un registre, j'y reste très peu de temps : au sein d'une minute de musique, je peux changer l'harmonie une soixantaine de fois. Je travaille donc bien entendu sur le contenu de ces accords, mais surtout sur leurs rapports, sur leurs enchaînements et sur leurs contrastes. Il m'arrive aussi de créer des bouclages de longueurs différentes, de manière à engendrer une continuité avec des structures irrégulières.

Dans quelle mesure cette vitesse que vous venez de décrire – et qui me semble avoir trait à ce que l'on aimerait appeler le «rythme harmonique» – est-elle liée à votre travail avec l'ordinateur ?
Il est certain que les outils que j'ai développés pour la composition assistée par ordinateur (la CAO) me permettent de générer, selon des règles bien définies, des transformations harmoniques qui seraient assez difficiles à calculer à la main.

Il y aurait donc une adéquation entre la technique et le langage ?
Absolument. Du reste, lorsque j'ai commencé à travailler avec l'ordinateur, les outils dont nous disposons aujourd'hui n'existaient pas. J'ai donc développé mes propres outils pour des problèmes musicaux que je n'arrivais pas à résoudre à la main. J'ai commencé à programmer moi-même, si bien qu'il s'est toujours trouvé une nécessité musicale derrière mon travail avec l'ordinateur.

Composez-vous également au piano ?
En partie. A l'époque où je jouais en duo avec Risto Väisänen, je ne le faisais pas, mais, ces derniers temps, je partage mon travail de composition entre l'ordinateur, la table et le piano. Je vérifie certaines idées au clavier, mais, pour ce qui est de chercher, je préfère l'ordinateur. Ce sont des éléments qui se complètent très bien.

L'outil informatique que vous avez développé semble remarquablement continu, en ce sens qu'il a traversé des mutations stylistiques importantes dans votre musique.
Pour le meilleur et pour le pire : c'est un environnement avec lequel j'ai travaillé pour la première fois en 1983 et, même s'il m'est arrivé de le modifier, certaines parties commencent à être obsolètes. Il faudrait un jour le réécrire entièrement, mais la quantité de codes est considérable : je n'ai cessé d'en ajouter au fil des années. J'y suis très à l'aise, j'y navigue avec facilité – si bien que j'ai du mal à en sortir.

Là encore, c'est vraiment une sorte de *work in progress* : tout est en quelque sorte sédimenté dans les fichiers, mais rien n'est véritablement classé, documenté. Je travaille souvent à la manière d'un archéologue : parfois, je me souviens avoir fait quelque chose de semblable il y a des années, alors je cherche, je fouille…

Vous avez beaucoup travaillé avec l'idée d'interpolation, de transition graduelle d'un objet à un autre. Diriez-vous que l'ordinateur est un outil pour construire une certaine continuité ?
C'était en tout cas longtemps mon but : relier des événements éloignés. Ou peut-être, plutôt que de continuité, il faudrait parler d'une certaine *plasticité*. Avant d'employer l'ordinateur, je travaillais en quelque sorte avec du marbre ; l'informatique m'a offert un matériau plus aisément modelable.
Cela dit, l'idée de processus continus m'intéresse beaucoup moins qu'il y a quelques années : on est trop souvent dans des situations où le point de départ et le point d'arrivée sont intéressants, alors que, entre les deux, il existe un terrain vague. Je préfère travailler avec des briques, avec des relations plus définies et plus locales.

De l'acrobatie et de l'ornement

Vous parliez de Buster Keaton. L'aspect «mécaniste» de l'humour de Keaton ou de Chaplin vous a-t-il également attiré ?
Je définirais plutôt Keaton comme un acrobate, et Chaplin comme un joueur de pantomime, attaché aux sentiments. Et l'acrobatie est certainement une des manières de penser l'instrumentalité.
Mais, pour en revenir à cet aspect purement «machinique», un passage comme le second scherzo de *Joy*, fondé sur l'*ostinato* rythmique, me semble relever à la fois d'une technique minimaliste et d'un effet «mécaniste». Je suis très stimulé par les machines, par les mécanismes qui suivent chacun un certain mouvement, un certain *pattern*.

Un peu comme les sculptures de Tinguely !
Absolument. Du reste, il me semble que la répétition en soi est une ressource extraordinaire dans l'art. J'aime passionnément les tapis orientaux, ainsi que tout ce qui est ornemental dans l'architecture arabe. Je me demande parfois pourquoi nous avons exclu cet aspect de notre expression. En ce sens, si je disais tout à l'heure que je recherchais un certain classicisme, je me dirais aussi volontiers attiré par le baroque, voire par le rococo. Non pas le baroque lourd, mais la *légèreté* de l'ornement, de la broderie.

Diriez-vous que vous écrivez facilement ?
Je peux très bien écrire dans des endroits bruyants ; je n'ai pas besoin de *splendid isolation*. Du reste, je ne suis pas comme certains écrivains – je pense à Gabriel Garcia Marquez, que j'aime beaucoup, d'ailleurs – qui ne retouchent jamais rien, mais qui avancent pas à pas, avec une extrême méticulosité. Dans ma méthode de travail, je suis plutôt rapide et bavard, et c'est seulement dans un second temps que je commence à préciser de plus en plus, à affiner mes idées.
Je suis parfois agacé par cette attitude qui se plaît à exagérer la difficulté, la souffrance, la *crise* de l'acte compositionnel. Si l'on se dit compositeur, alors il faut composer, ou bien changer de métier. Cela dit, écrire *une* œuvre réussie peut déjà constituer un projet qui occupe toute une vie. Mais je ne crois pas à un tel volontarisme : *vouloir faire* des chefs-d'œuvre. Il faut vivre avec ses idées, essayer de les réaliser le mieux possible, de manière efficace, pragmatique. Et si la composition devient vraiment trop difficile, il vaut peut-être mieux arrêter.

Entretien réalisé à Paris, les 26 janvier et 8 avril 1993

LE TEMPS ET LA FORCE

(à propos d'*UR* et de *Kraft*)

Jean-Pierre Cholleton

UR, fruit d'une commande passée à Magnus Lindberg par l'Ircam, fut créé par l'Ensemble InterContemporain dans le cadre du symposium de l'Ircam sur les systèmes personnels en informatique musicale (octobre 1986). Composée pour un effectif instrumental assez particulier : une clarinette en *si* bémol (ainsi qu'une clarinette basse), un violon, un violoncelle, une contrebasse, un piano et un dispositif informatique contrôlant en temps réel un synthétiseur, cette œuvre s'inscrit dans une démarche similaire à *Kraft*, pièce pour grand orchestre produite entre 1983 et 1985.
Cet article ne se veut pas une analyse linéaire de ces deux pièces. Son propos est de montrer, d'une part, comment *UR*, tout comme *Kraft*, synthétise un certain nombre de préoccupations formelles et structurelles rencontrées dans des œuvres antérieures, et, d'autre part, comment apparaissent les bases de développements ultérieurs présents dans les pièces les plus récentes.

Présentation des œuvres

Si *Kraft* signifie la force, le titre *UR* évoque une ancienne cité sumérienne, ainsi qu'un mot suédois polysémique. Celui-ci correspond, tout d'abord, aux prépositions anglaise *of* et allemande *ur*, et sert de préfixe dans quantité de mots. Il exprime l'idée d'*origine* (ainsi, en allemand, *Ursatz* : *la structure initiale*) mais également ce qui appartient à un caractère extrême ou primitif. Il

désigne aussi une tempête et, enfin, une montre, une horloge.
Le choix de ces titres n'est pas fortuit. Ils reflètent cette idée d'énergie imprimant une *force* sur des éléments opposés, leur conférant ainsi la capacité à se mouvoir, à se transformer dans le *temps* et à fusionner. Ils expriment également le caractère primitif et extrême de ces deux pièces, car l'une et l'autre reposent sur un rapport étroit et constant entre complexité de l'écriture et énergie brute.
Pour Magnus Lindberg : «Seul l'extrême est intéressant – la recherche d'une totalité équilibrée est, de nos jours, impossible. Un mode original d'expression ne peut être obtenu qu'à travers le marginal – l'hypercomplexe combiné avec le primitif [1].» Le contact qu'a pu avoir Magnus Lindberg avec Vinko Globokar au début des années 80 n'est sans doute pas étranger à cette approche radicale.
Si *Kraft* est construit en deux grandes parties de durée quasiment équivalente, *UR* se présente comme une œuvre d'un seul tenant mais dont les grandes articulations formelles (à la lettre *I* et cinq mesures avant la lettre *U* dans la partition) laissent apparaître trois parties principales.

Identités et transformations

Comme dans la plupart des compositions de Magnus Lindberg, les principes d'engendrement et de transformation du matériau, mis en œuvre dans ces deux pièces, sont fondés sur une continuité entre des éléments musicaux clairement différenciés, et cela par des techniques de répétitions et de transitions graduelles d'interpolations [2]. Par répétition d'*objet* musical (mélodique, harmonique ou rythmique), tout en le

[1] M. Lindberg, «A Voice from the 80's», in *Finnish Music Quartely,* 3-4, 1987, p. 17.

[2] Le terme interpolation prend ici un sens un peu différent de celui admis dans le domaine des mathématiques, à savoir une intercalation, dans une suite de valeurs connues, d'un ou de plusieurs termes directement déterminés par le calcul. Cependant, ce terme étant généralement utilisé dans le domaine musical pour décrire ces principes de transformations graduelles, nous continuerons à l'employer.

transformant progressivement pour lui faire prendre l'identité d'un autre, se créent des états transitoires, des versions intermédiaires entre ces deux éléments. On peut imaginer la transformation d'un *accelerando* (une figure rythmique dont les durées sont décroissantes) en une note tenue, cela en essayant de garder au maximum les qualités de l'*accelerando* tout en passant progressivement aux qualités de la note tenue.

Mais, plus encore que le phénomène de transformation, c'est l'idée de réunir des éléments apparemment antinomiques qui importe. Aussi faut-il établir des identités suffisamment fortes et différenciées entre les éléments de départ et d'arrivée pour obtenir une transformation graduelle d'un caractère à un autre.

Un matériau d'une nature trop riche se prêtant difficilement à des opérations susceptibles de lui ôter son identité, Magnus Lindberg travaille avec des archétypes musicaux très simples, capables de créer des polarisations d'un point de vue perceptif et de se plier à un processus de transformation. Ainsi, un *rallentendo,* un *accelerando* ou encore une pulsation régulière sont-ils des identités suffisamment claires et reconnaissables pour créer autour d'eux un phénomène de polarisation, tout en étant des matériaux suffisamment simples et manipulables pour pouvoir être intégrés dans des opérations de transformations.

La recherche d'une syntaxe permettant une utilisation de ces différentes identités implique un travail sur le matériau s'apparentant à une technique de «puzzle» : à partir d'éléments différents et hétérogènes, il s'agit de rechercher une évolution fondée sur la continuité. L'interpolation agit alors comme une *source souterraine* et, par le phénomène de torsion qu'elle applique sur une figure, elle crée une irréversibilité dans la progression du développement musical.

Du multiple vers l'unique

Depuis *Kraft*, la formalisation de ces processus passe par l'emploi de l'outil informatique. Sur les deux ans qu'a duré la composition de cette œuvre, Magnus Lindberg consacra une année à l'élaboration d'un programme répondant à ses besoins.

Le travail sur les structures temporelles assure, dans cette œuvre, un rôle prépondérant. Conscient, comme l'explique Philippe Manoury, qu'«un processus qui se perçoit en tant que tel, c'est-à-dire dont on devine le devenir, se détruit de lui-même» et qu'«il doit *révéler* sans se *dévoiler* [3]», Magnus Lindberg travaille très souvent sur des *polyphonies* de processus, en établissant plusieurs niveaux d'évolution reposant sur des matériaux hétérogènes et opposés, et généralement déphasés dans leurs progressions. Ainsi, toute la première section de *Kraft*, qui pose d'emblée, de par la fulgurance de l'expression, le caractère général de l'œuvre, évolue sur plusieurs niveaux simultanés.

Un premier niveau s'organise autour de la transformation progressive d'un *rallentendo* en une pulsation régulière. Fondé sur un rythme assez rude, ce niveau est orchestré par un ensemble de percussions (grosse caisse, etc.) et est confié au groupe de solistes. Sur un second niveau, contrastant avec le premier, l'orchestre fait entendre une progression harmonique se déployant dans un ambitus maxima et couvrant l'ensemble des registres (la note la plus basse est un *do*^{0}, la note la plus haute un *si*^{6}). Ces accords, d'une quarantaine de notes, conçus comme des blocs sonores, mettent en évidence une écriture harmonique pensée par *masses*, participant au caractère rude et *sauvage* de cette pièce.

Une hiérarchie des durées est établie entre les différents registres, mettant en évidence les extrêmes, par des valeurs rythmiques assez longues, et laissant le médium à vide, par des valeurs très brèves, créant ainsi des accords en «*creux*».

Ces accords vont subir également une interpolation pour aboutir à des agrégats beaucoup plus compacts et ramassés. Les rapports de durée entre les registres vont tendre progressivement vers une plus grande uniformité, et cela par une plus grande importance accordée aux durées des registres médium. Par transformations successives, le centre va petit à petit se densifier, la densité des extrêmes tendant à disparaître. De façon à engendrer un plus fort contraste, ces deux processus

---

[3] P. Manoury, «La part consciente», in *Conséquence* n° 8, 1986, p. 70.

ne sont pas en phase et évoluent en parallèle. Autour de ces deux niveaux, se développent des processus secondaires, caractérisés par des *glissandi* de cordes et par l'intervention de la clarinette et du violoncelle soliste.

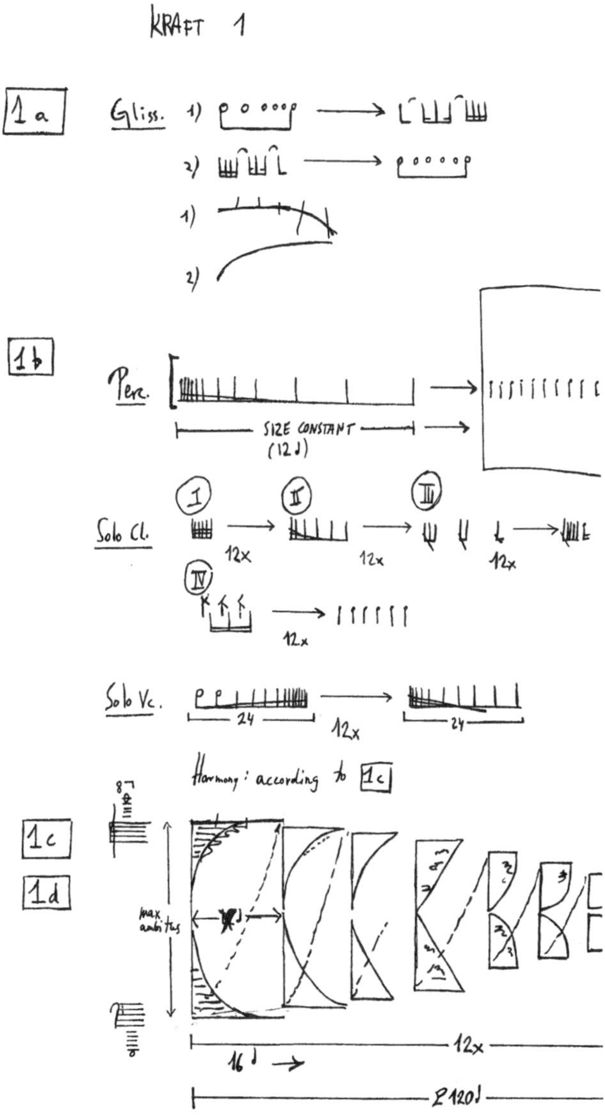

Exemple n° 1 : ***Esquisse du début de*** **Kraft.**

Exemple n° 2 : Une page du début de Kraft.

Tout au long de cette progression, la caractérisation des matériaux mis en œuvre permet d'éviter une *neutralisation* des différents niveaux, qui se traduirait alors par une perception statistique du processus. Le timbre est également requis pour sa capacité à distinguer les différentes phases d'évolutions et d'articulations.

Le dernier stade de transformation se traduit par une période beaucoup plus statique et par l'établissement d'un niveau unique résultant de la dissolution progressive des différentes couches en une seule.

Quoique le déroulement du processus global soit installé dans une *enveloppe* temporelle unique, les différentes couches le constituant évoluent dans des temporalités différentes les unes des autres. En effet, leur aptitude à se transformer et, peu à peu, à fusionner en un seul niveau est liée au caractère particulier de leur matériau, ainsi que, de ce fait, à leur capacité à résister différemment au phénomène de torsion et de compression imprimé par une force extérieure mise en place par les techniques d'interpolation.

L'élément essentiel, pour Magnus Lindberg, dans ce parcours allant d'une forte hétérogénéité vers une plus grande homogénéité entre les éléments musicaux n'est pas tant le mouvement qui en résulte, mais bien la faculté à imprimer une force capable d'agir sur différents matériaux pour les fondre en une seule unité.

L'élaboration du matériau harmonique

Si *Kraft* pose les bases d'une formalisation intégrant l'informatique, des structures temporelles, *UR* développe les fondements d'une pensée harmonique. Dans cette pièce, on trouve une grande part des futurs développements dans ce domaine, apparaissant notamment dans les deux œuvres suivantes, *Twine* et *Kinetics*.

UR constitue pour le compositeur un premier stade de travail sur une formalisation harmonique utilisant l'outil informatique. Comment travailler, dans le domaine de l'harmonie, avec des éléments musicaux représentatifs d'une certaine identité ? Afin d'obtenir un système de classification de son matériau harmonique, Magnus Lindberg utilise une théorie harmonique, développée par Allen Forte entre autres, et connue dans la littérature musicologique anglo-saxonne sous le nom de *set theory*. Elle concerne principalement l'analyse harmonique des musiques atonales et non sérielles.

De la même façon que la théorie de Rameau identifie tous les accords parfaits majeurs comme équivalents et considère tous les renversements d'un même accord comme appartenant à une même *classe,* Allen Forte établit un système de classification d'agrégats, dans le domaine de la musique atonale et non sérielle, à partir d'un nombre limité de classes : l'ensemble de tous les agrégats de six sons, par exemple, est ramené à un ensemble caractéristique de cinquante classes. Chacune est déterminée par une certaine identité harmonique. De plus, cette théorie permet de constater un certain nombre de relations entre plusieurs d'entre elles.

La *set theory* n'est pas tant utilisée par Magnus Lindberg pour son aspect théorique que comme moyen relativement pratique, d'un point de vue informatique, de classification des accords analysés et de contrôle des règles harmoniques.

Comme le constate Lindberg : «Les principes de la *set theory* sont éminemment appropriés pour un contrôle global du matériau harmonique, que j'ai longtemps essayé de grouper et de classifier en utilisant différentes méthodes [4].»

Les accords sont ramenés à des catégories de base, sous forme de listes ordonnées de notes rapportées à l'intérieur d'une octave.

Magnus Lindberg travaille avec des structures harmoniques de douze notes. Dans la classification d'Allen Forte, il n'existe qu'une seule classe de douze notes et son utilisation en tant qu'élément référentiel de contrôle se révèle inefficace pour conférer à ces structures des qualités particulières. Il est préférable de considérer ces agrégats comme deux ensembles de six

---

[4] M. Lindberg, «A Voice from the 80's», in *Finnish Music Quartely,* 3-4, 1987, p. 19.

notes ayant un caractère harmonique commun. A cette fin, Magnus Lindberg utilise des classes de six notes pour générer des accords aux propriétés symétriques.

Des cinquante hexacordes répertoriés par Allen Forte, dix-neuf permettent d'obtenir des accords symétriques de douze notes, résultant de la superposition d'un hexacorde et d'une transposition de son miroir. Cette transposition est choisie de telle sorte qu'elle donne le complémentaire chromatique. Douze de ces classes vont être utilisées par Magnus Lindberg pour construire un *réservoir* harmonique de douze accords parfaitement symétriques (exposé dans la partition jusqu'à la lettre *C*), qui va irriguer l'ensemble de la pièce. Construit comme une chaîne d'accords pouvant être repris de façon récurrente et générant l'ensemble du matériau harmonique de la pièce, ce réservoir s'apparente à une structure harmonique proche de la chaconne.

Exemple n° 3 : ***Les accords du réservoir harmonique. Esquisses d'UR.***

Cependant, l'ordre d'enchaînement des accords n'étant pas toujours respecté, ce réservoir est utilisé d'une manière beaucoup plus libre par rapport à des œuvres postérieures comme *Kinetics*.

Exemple n° 4 : ***Esquisse du matériau harmonique*** *résultant de l'interpolation entre deux accords construits à partir des 9e et 5e accords du réservoir. (Partition, lettre D, cf. exemple n° 5, p. 41.)*

Une grande part du matériau harmonique d'*UR* est tirée des interpolations effectuées entre les différents accords du réservoir harmonique. Chaque accord est alors analysé selon les principes de la *set theory*, puis comparé à une table de données incorporant un certain nombre de codes chiffrés répertoriés par classes. Il est ensuite corrigé afin de correspondre à l'une de ces classes, tout en modifiant le moins possible le résultat brut de l'interpolation. Il s'agit donc d'ajouter des qualités, représentatives d'une certaine identité harmonique, par un contrôle, en respectant le plus possible la progression originale.

Toutes les classes contrôlant les différents parcours harmoniques d'*UR* permettent des symétries en miroir de deux hexacordes. Les premières interpolations sont élaborées sur des agrégats de six sons, construits à partir des accords du réservoir (*cf.* exemple n° 4, p. 37).

La première d'entre elles, à la lettre *C* de la partition, par son aspect horizontal, ses superpositions de rythmes, ses figurations et son ramassement dans le temps, perd sa directionnalité au profit d'un effet de mouvement complexe. A la lettre *D*, au contraire, une deuxième étape de l'évolution du matériau, par sa verticalisation, son aspect quasi périodique et son étalage dans le temps offre un aspect beaucoup plus directionnel. Entre ces deux phases, trois mesures avant *D*, le piano interfère sur la texture générale et agit comme un *signal* dans l'évolution de la matière sonore, mettant en évidence l'aspect plus vertical. Il représente, en quelque sorte, une phase intermédiaire dans la progression du processus global. Ces différentes périodes, processus *locaux*, sont intégrées dans un processus *global* aboutissant, six mesures après *D*, à une texture beaucoup plus étale et équilibrée.

Cette progression induit plusieurs états de la perception de ce processus dont la sensation de directionnalité est fonction de la durée dans laquelle sont établies les différentes interpolations.

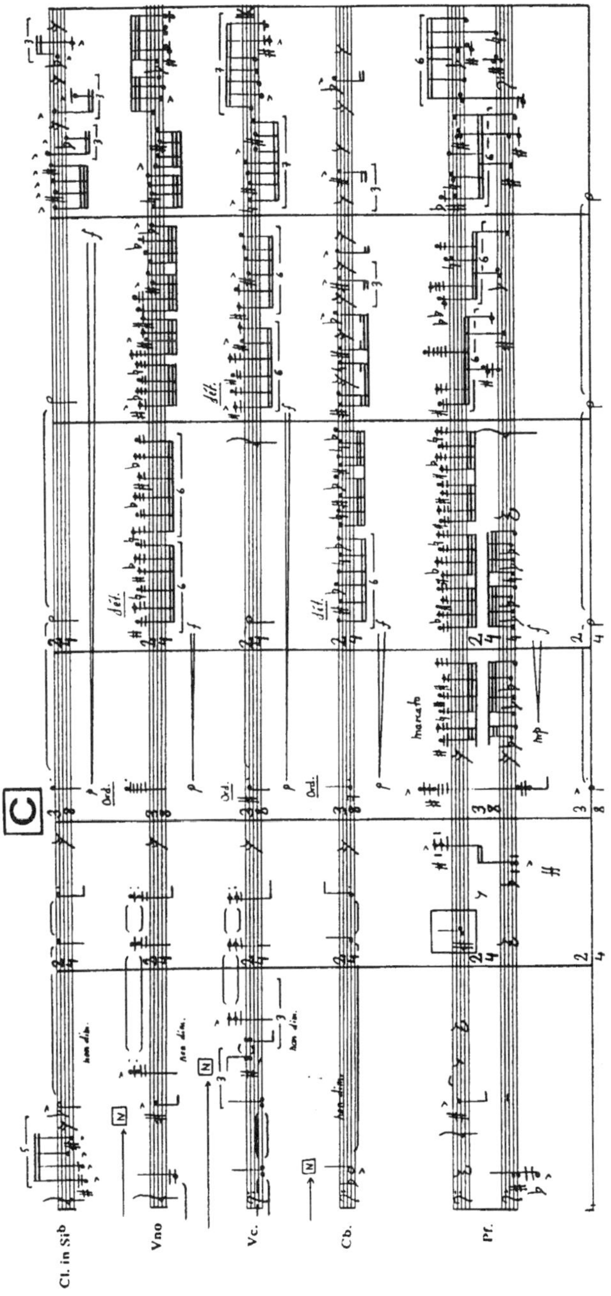

Exemple n° 5 : pages 6 à 8 d'UR.

(© Edition Wilhelm Hansen)

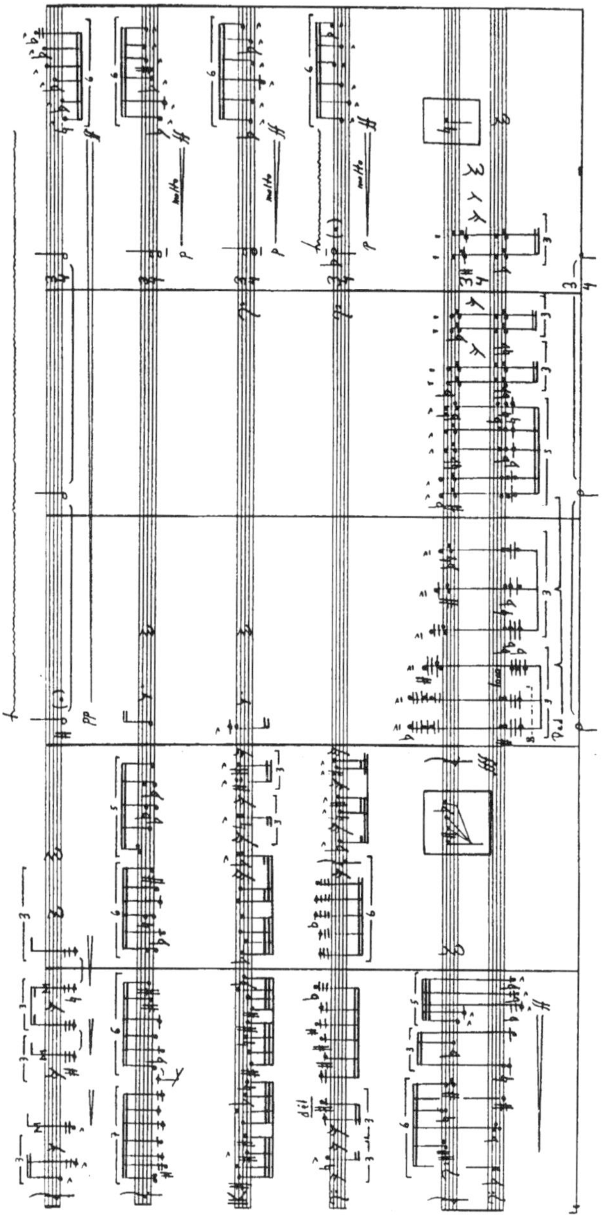

Exemple n° 5 (suite).

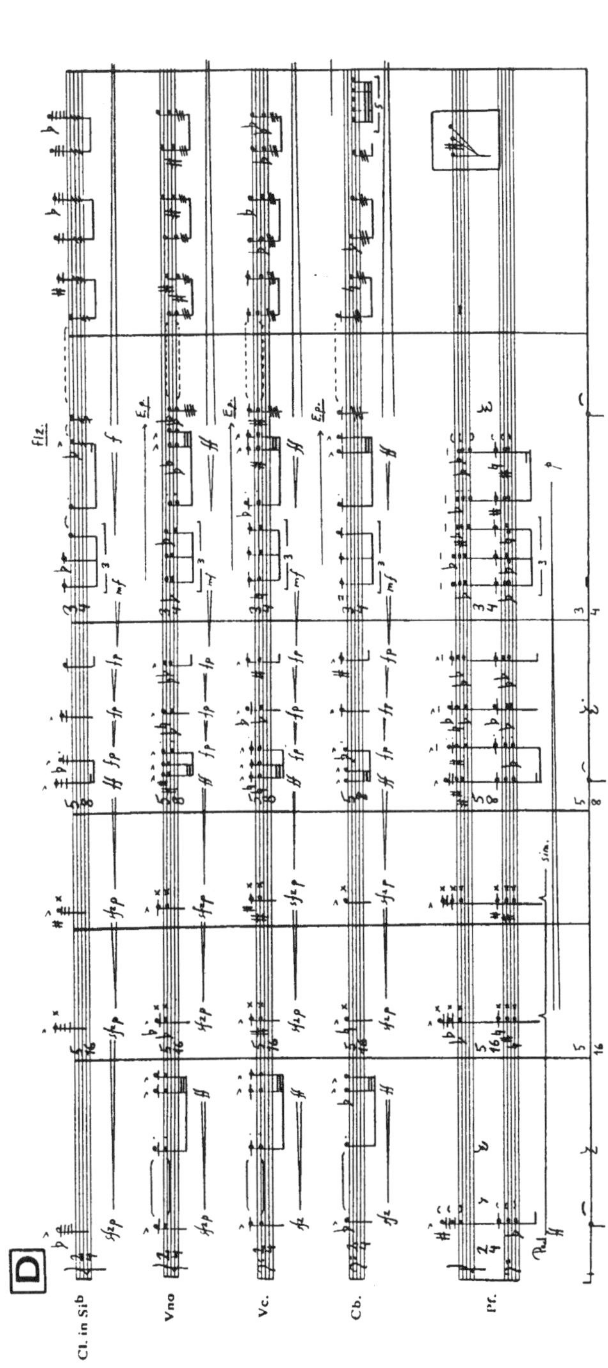

Exemple n° 5 (suite).

Relations entre geste instrumental et matériau

Les modes de jeu et leur grande profusion sont associés au traitement du matériau. La façon dont ils sont traités est souvent la résultante d'une évolution des processus. Dans *UR* et dans *Kraft*, une certaine palette de gestes est utilisée comme interprétation instrumentale des spécificités des progressions harmoniques.

Ainsi, durant toute la première section de *Kraft*, le violoncelliste tente de parcourir les agrégats harmoniques joués par une grande partie de l'orchestre. L'ambitus dans lequel se déploient ces accords est largement trop étendu pour le registre du violoncelle. Cette collision entre une limite instrumentale et un processus la dépassant crée des problèmes pouvant se révéler fertiles pour l'imagination du compositeur. Il faut trouver des solutions compositionnelles capables de *surmonter* cette impossibilité.

Différents modes de jeu sont alors requis : désaccordage de la quatrième corde de l'instrument, *glissando* aboutissant à une hauteur indéterminée la plus haute possible, sons bruités obtenus par différentes pressions de l'archet permettant une palette étendue de timbres allant jusqu'au bruit. L'ensemble de ces possibilités est combiné avec différentes sortes d'articulations (*tremolo, staccato*, etc.).

Cette approche, révélatrice d'une volonté de dépasser les contraintes imposées par les limites de l'instrument, s'apparente ici à une esthétique de la gageure instrumentale.

Un autre exemple représentatif de la relation entre modes de jeu et traitement d'un matériau harmonique se trouve dans la seconde partie d'*UR*. La tension d'un processus harmoniquement complexe, amorcé à la lettre *I*, débouche, à la lettre *L*, sur une phase où la texture n'est plus que timbre à l'état pur. On se trouve en fait dans un exemple de recherche de fusion où les instruments ne sont plus traités comme des parties individuelles mais plutôt comme un macro-instrument.

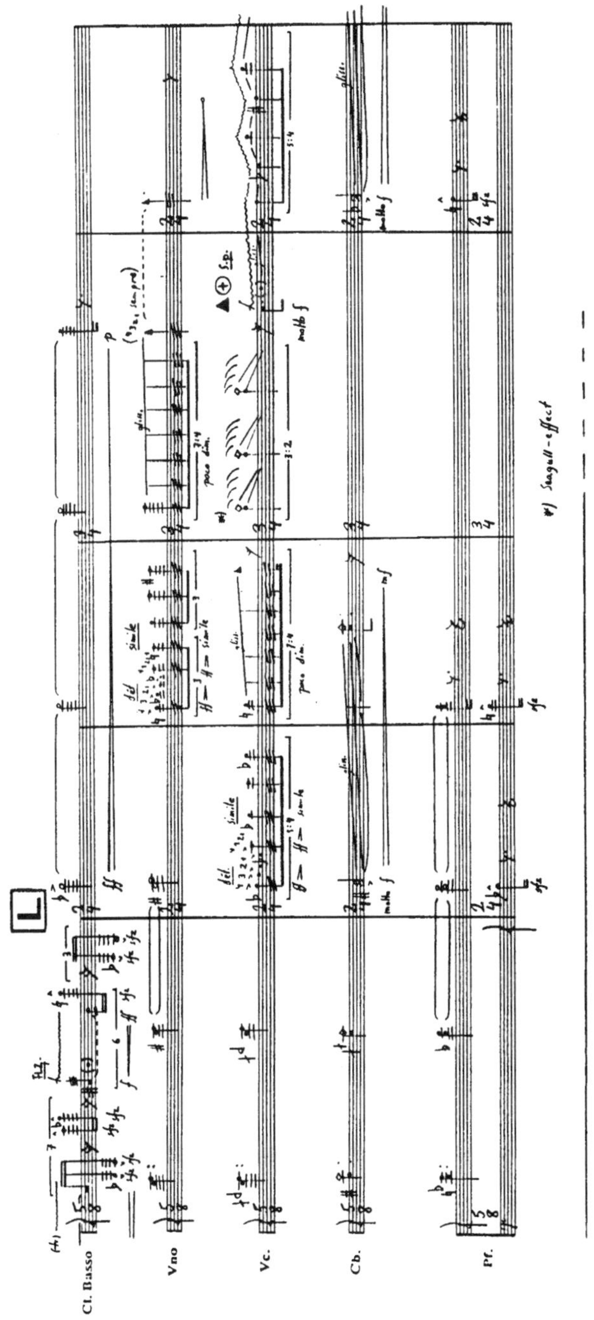

Exemple n° 6 : UR, *p.* 23-24.

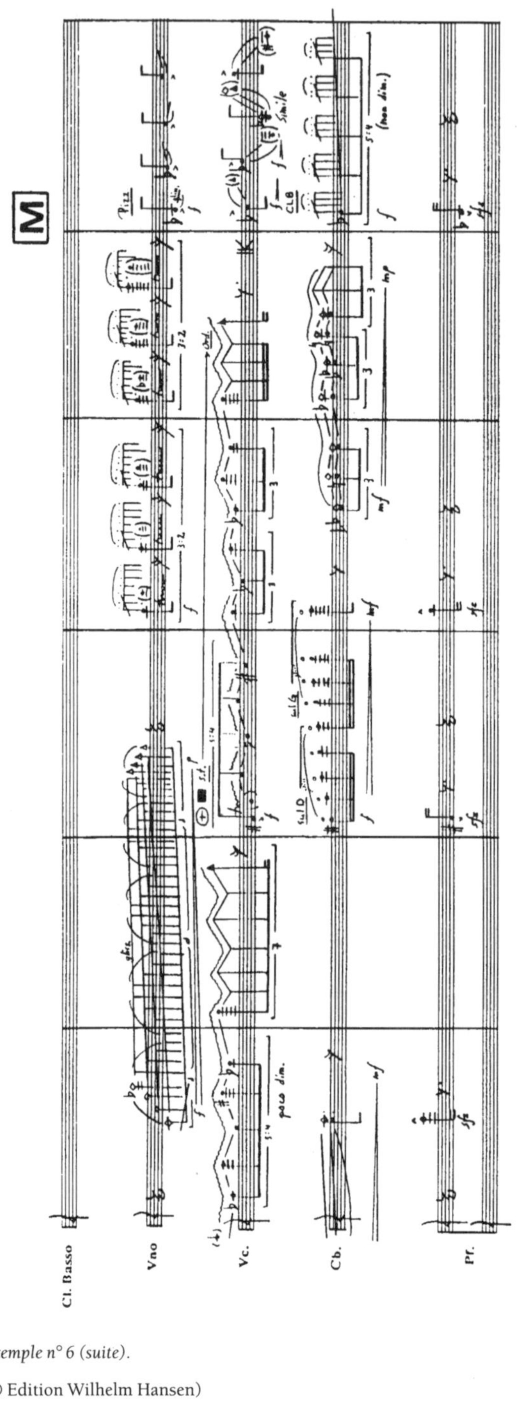

Exemple n° 6 (suite).

(© Edition Wilhelm Hansen)

Ce principe de transformation, déjà présent dans des œuvres antérieures, telles que *Linea d'ombra,* mais également dans *Kraft*, vise à traduire, encore une fois, cette idée de force fondant des éléments étrangers et hétérogènes en une seule unité homogène. Constituant, en quelque sorte, une étape supplémentaire à l'évolution du processus, cette phase d'aboutissement ne doit pas être perçue comme volonté d'intégrer un phénomène concret ou «bruitiste», mais au contraire comme recherche d'un timbre inouï (au sens étymologique du terme), révélateur d'une énergie pure.
De par cette forme de *synthèse instrumentale,* il en résulte un phénomène de *translation* des techniques électro-acoustiques dans le domaine de l'écriture instrumentale qui met en évidence une oscillation constante, dans le traitement du matériau harmonique et des gestes instrumentaux s'y rapportant, entre une perception des structures en tant que notes et une perception des structures en tant que *timbre.*

Intégration de la partie électronique d'*UR*

La partie électronique d'*UR* est élaborée à partir d'un programme, développé en PreForm par Lee Boyton, permettant, à partir d'un micro-ordinateur, d'assembler en temps réel des séquences précomposées, d'ordres harmonique et rythmique, et de les faire jouer immédiatement par un module TX 816 Yamaha [5]. Elle entretient avec les parties instrumentales différents degrés de relation.
Les notions d'hétérogénéité et d'homogénéité passent ici par la capacité à fusionner timbre électronique et timbre instrumen-

[5] Le TX 816 Yamaha est un synthétiseur reposant sur le principe de la modulation de fréquences, développé par John Chowning à la fin des années 60, sans clavier, constitué de huit modules équivalant à huit unités DX 7. Chaque module pouvant faire entendre 16 notes simultanément, l'ensemble permet 128 voix de polyphonie. Cette capacité importante est nécessaire à la réalisation de la partie électronique d'*UR*, celle-ci pouvant parfois reposer, comme c'est le cas au début de l'œuvre, sur des cascades d'accords pouvant atteindre 24 à 36 voix de polyphonie.

tal. Différents niveaux de relations sont possibles, allant d'une opposition totale à une intégration maximale.

Dans l'exemple n° 5 (p. 39-41), toute l'évolution entre électronique et parties instrumentales est construite dans cet esprit. A partir d'un caractère opposé (à la lettre *C*), la relation entre ces deux mondes va tendre vers une plus grande homogénéité et aboutir à une phase d'équilibre (six mesures après la lettre *D*), établie sur une texture beaucoup plus étale et équilibrée.

L'évolution du discours aboutit, à la lettre *E* de la partition, à une fusion entre instruments et électronique sous la forme d'une texture. Les timbres sont, à ce moment, beaucoup moins différenciés et plus à même de se fondre en une sonorité homogène.

Enfin, il faut noter que la trajectoire globale de l'œuvre s'infléchit dans la troisième partie vers un caractère général moins différencié et vers un épuisement du processus global. La partie électronique n'apparaît plus alors qu'au début de cette section, avant de disparaître totalement.

Renforcement d'une progression par élimination et simplification

La manière de gérer un processus, dans la musique de Magnus Lindberg, est, comme on a pu le constater, révélatrice d'une pensée compositionnelle fondée sur un principe de simplification d'un état, par l'élimination des caractères hétérogènes au profit d'une situation homogène. Certaines progressions ou articulations formelles relèvent d'une démarche similaire.

L'arrivée sur un point culminant se traduit bien souvent par une simplification brutale du discours. Ainsi, à la fin de la seconde partie d'*UR* (cinq mesures avant *U*), un processus extrêmement étalé dans le temps et rendu complexe par un enchevêtrement de plusieurs niveaux d'interpolations se comprime en un agrégat de trois notes, *si* bémol - *ré* bémol - *mi* bémol. Cet agrégat est perçu comme un aboutissement de la tension accumulée et a valeur de *métaphore cadentielle*, articulant les deuxième et troisième parties.

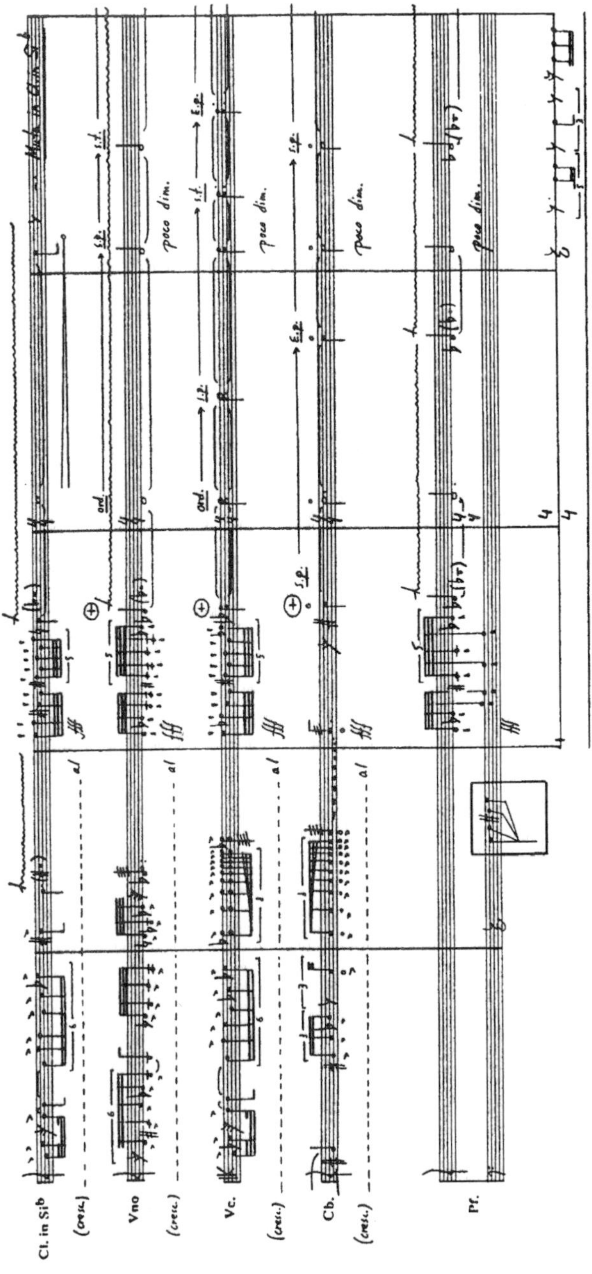

Exemple n° 7 : UR, *p. 39.*

(© Edition Wilhelm Hansen)

Ce type d'articulation très claire constitue une sorte de signature de Magnus Lindberg. Elle se retrouve notamment dans *Kraft*, mais également dans des œuvres comme *Ritratto, Marea, Kinetics* et bien d'autres. Un autre exemple frappant apparaît vers la fin de la deuxième partie de *Kraft*. Un accord extrêmement dense, pouvant atteindre jusqu'à soixante-douze notes et proche des *accords-timbres* de la musique spectrale, après s'être déployé sur un temps dilaté, comprime brusquement toute son énergie en s'effondrant sur une seule note *do*. Dans les deux cas, cette procédure soudaine d'élimination et de simplification d'un état complexe, loin de créer une rupture ou un affaissement de la tension accumulée, est perçue plutôt comme un renforcement de celle-ci.
Elle démontre également la capacité du compositeur à *«trancher»* dans un processus pour établir clairement une articulation formelle.

Epuisement des processus : vers une cristallisation du discours

Cette forme de développement par *élimination* est également présente, bien souvent, dans la phase finale d'un morceau. Dans *UR* à partir de la lettre *W*, le discours s'inscrit progressivement en négatif par rapport au début de la première partie (particulièrement à partir des lettres *BB*).
La progression se trouve atténuée par un épuisement d'énergie du développement global de l'œuvre. Le processus tend ici à se figer, à se cristalliser. La tension ne vient plus du mouvement ou de la rapidité des évolutions mais, au contraire, de la stratification progressive des éléments, de leur fragmentation et de leur élimination.
Aux lettres *EE* de la partition, il ne reste plus qu'une harmonie figée, en creux, âpre, distribuée sur des registres extrêmes et pensée comme une trace de la complexité harmonique d'origine. Le matériau subit ce principe d'élimination et de simplification et ne laisse plus apparaître qu'une simple opposition entre la clarinette, jouant des notes tenues, évoluant lentement par glissement, et le reste de l'ensemble. Cette évolution est perçue comme une trace des *polyphonies* de processus antérieurs.

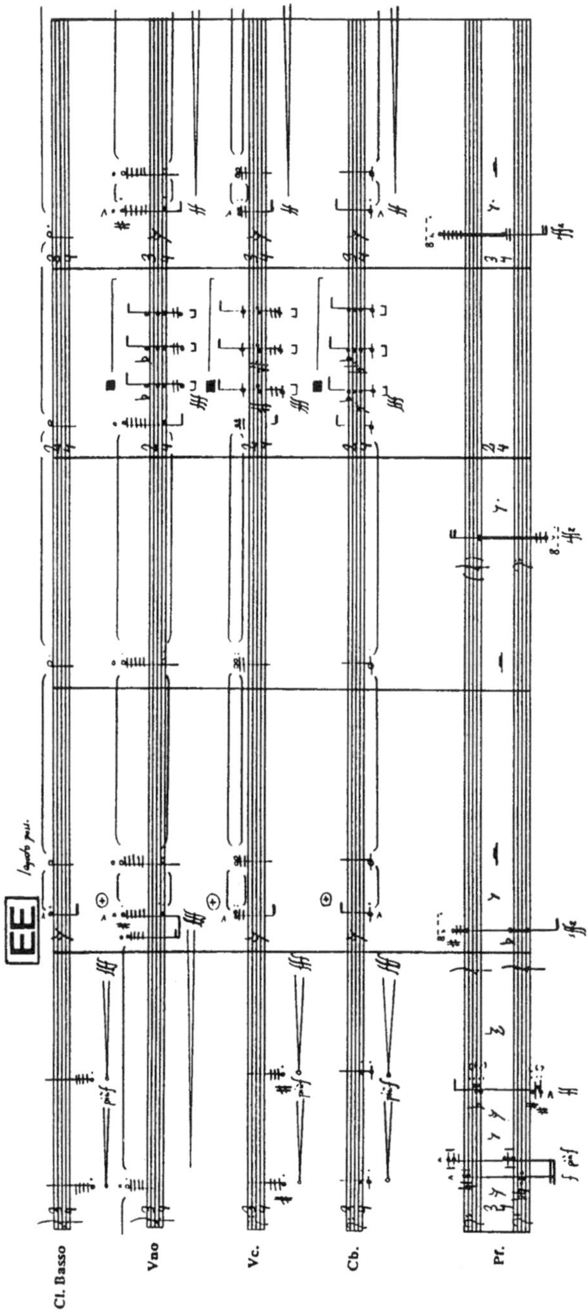

Exemple n° 8 : UR, *p. 59-60.*

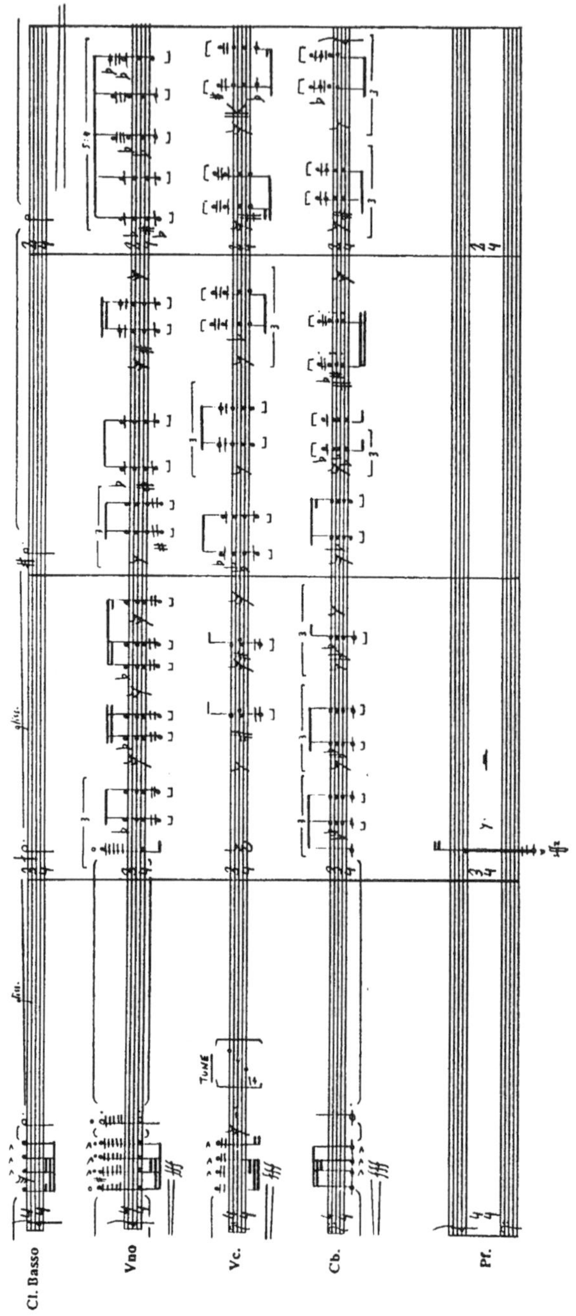

Exemple n° 8 (suite).

La musique se trouve alors dans un état de *frigorification*. Le discours, ponctué par des *blocs-accents* distribués de manière apériodique par le piano et semblant se mouvoir avec raideur et par secousses, est représentatif d'un état non plus fluide, mais haché et strié.
La fin de *Kraft* procède de la même manière. Par une dégradation de l'énergie, il se crée une augmentation de la résistance du matériau face au processus. Le *temps* épuise l'énergie et la *force* du processus global et, par voie de conséquence, les forces qui animent et fondent les processus locaux les uns dans les autres. Tels des filtres, ceux-ci n'agissent plus que sur des fragments épars du matériau, entraînant progressivement la *liquidation* de celui-ci.

Kraft et *UR* reflètent parfaitement certaines préoccupations compositionnelles se retrouvant dans une grande part de la production de Magnus Lindberg. Le principe de convergence de différents éléments vers un seul point, obtenu par l'action imprimée sur ceux-ci, est présent dans des œuvres aussi bien antérieures que postérieures. De nombreuses pièces écrites avant 1985 semblent annoncer *Kraft*, par une esthétique commune privilégiant une écriture par masses évolutives, jouant sur différents types de granulation du timbre et sur de violents contrastes animant les différentes surfaces. *UR*, au contraire, préfigure les futurs développements dans le domaine harmonique. Celui-ci sera orienté, à partir de *Kinetics*, vers une recherche privilégiant une volonté de synthèse entre deux «univers» harmoniques : l'un, proche du courant spectral, fondé sur les principes de résonances naturelles et les spectres harmoniques ; l'autre, issu d'une pensée post-sérielle, fondé davantage sur une approche d'ordre combinatoire. En cela, *UR* et *Kraft* semblent bien occuper, dans l'œuvre déjà accomplie, une position charnière dominante.

LA POINTE DU STYLE

(à propos de *Joy*)

Peter Szendy

«S'il y a du style, (...) il doit y en avoir plus d'un [1].»

Joy est une œuvre *polystyle*. Entendons provisoirement dans ce terme à la fois une sollicitation de techniques d'écriture souvent considérées comme inconciliables et, plus près de son sens originel, une assise de l'œuvre sur une architecture *à plusieurs colonnes*. Soit, pour filer la métaphore, que la portée de ses entablements est soutenue par de nombreux piliers perceptifs, tous très prégnants.

La structure générale de l'œuvre, son «plan de masse», relève de fondations harmoniques, ou plutôt repose sur elles. L'image d'un accord comme phénomène vertical – image issue de la notation bi-dimensionnelle de la musique – aide à se représenter ces harmonies comme autant de soutènements sur lesquels et entre lesquels le compositeur peut construire.

Signaux

L'organisation de l'espace que déploie la pièce est donc rythmée par la récurrence de ces véritables *signaux* que constituent les apparitions plus ou moins fugitives, fragmentaires ou défectives

[1] Jacques Derrida, *Eperons, Les styles de Nietzsche,* Paris, Flammarion, 1978, p. 118.

d'une harmonie-timbre dont les composantes sont étagées comme les partiels impairs d'une même fondamentale (*do*^{0}) :

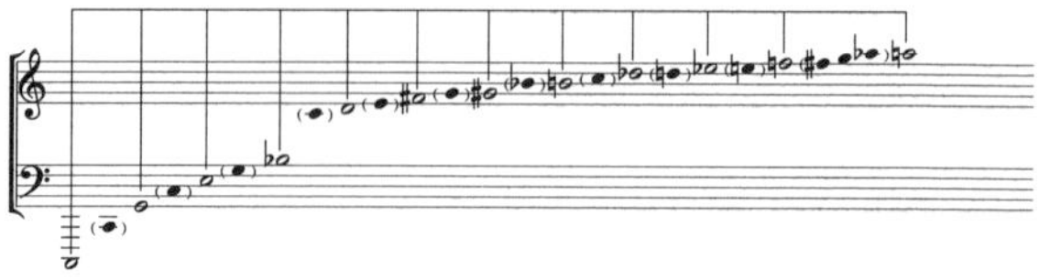

Figure 1.

L'auditeur engagé dans le parcours de *Joy* découvre cet accord peu à peu dans toute son étendue verticale, à la manière d'un visiteur descendant les différents niveaux d'un bâtiment pour en apercevoir enfin les fondations ; la première section de *Joy* est en partie consacrée à cette explicitation progressive du repère formel majeur de l'œuvre :

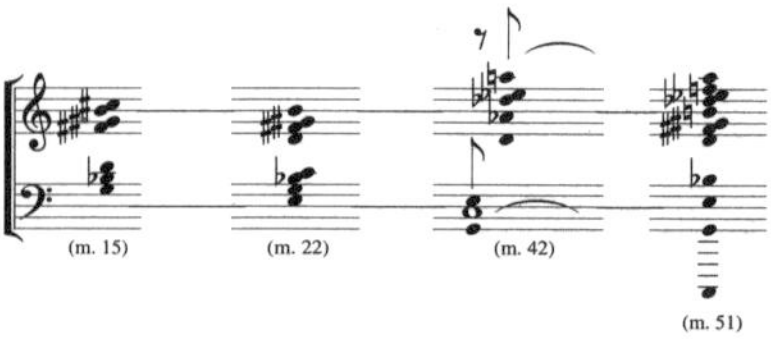

Figure 2.

Mais dès cette introduction (mesures 1 à 60), l'utilisation de l'harmonie à des fins signalétiques va de pair avec sa mise en œuvre pour vivifier la polyphonie. Si l'harmonie-timbre est de nature statique, immuable, orientée vers le pôle de l'identité et de la reconnaissance, l'accord qui fait l'objet d'une combinatoire – l'accord à partir duquel le compositeur *déduit* –, cet accord ne laisse pas d'être mobile, transposable :

Figure 3 : ***piano, mesures 1 à 8.***

L'harmonie acquiert donc dans *Joy* – comme dans nombre d'autres œuvres de Magnus Lindberg – une essentielle *ambiguïté*.

L'accord de la figure 1 pourra livrer, de préférence dans l'aigu de son spectre, des structures quasi symétriques, à même de s'intégrer dans une démarche déductive dont le paradigme pourrait être dit sériel ; mais les composantes plus espacées de son registre grave pourront également être considérées comme constituant un point d'ancrage harmonique stable.
Ainsi, à partir de la mesure 9, les agrégats du piano et du synthétiseur sont enrichis de deux hauteurs supplémentaires :

Figure 4.

Et cet accroissement de la densité – de quatre à six notes – ouvre la voie à leur interprétation en termes de composantes de l'accord de la figure 1 :

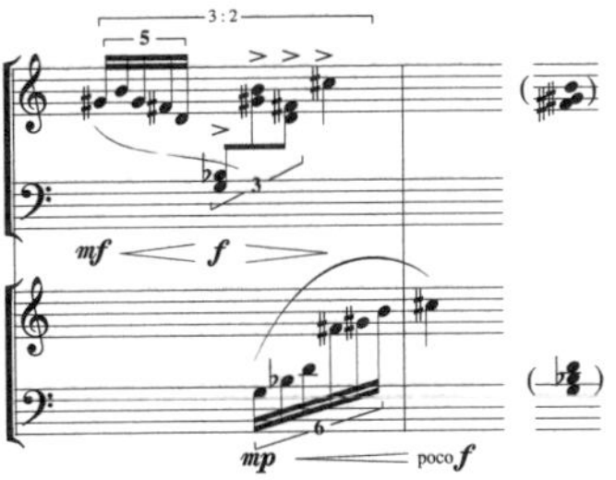

Figure 5 : ***piano et synthétiseur, mesures 15-16.***

Chaconne

De fait, à y regarder de plus près, la genèse de *Joy*, telle que l'on peut la reconstituer par l'étude des esquisses [2], relève bien de

[2] Ces esquisses m'ont été aimablement communiquées par Márta GRABOCZ, qui prépare actuellement un article sur la musique électronique en Finlande : «Conception gestuelle de la macro-structure dans la musique contemporaine finlandaise» (*Lichtbogen* de Kaija Saariaho, *UR* et *Joy* de Magnus Lindberg), in *Les Cahiers du CIREM*, n° 26-27. Actes du colloque international «Musique, son et geste», université de Tours, (juin 1993).

cette ambiguïté harmonique que je soulignais plus haut. Et celle-ci affecte tout autant chaque accord pris isolément, dans sa dimension verticale, que son enchaînement. En effet, au sein d'un même spectre virtuellement présent, plus le champ harmonique que le compositeur donne à entendre est large, plus la structure tend vers l'immobilité ; à l'inverse, plus la bande passante filtrant cet accord se déplace et se resserre vers l'aigu, moins les structures engendrées deviennent assignables. Mais ce que révèlent surtout les documents qui constituent l'«avant-texte» de *Joy*, c'est la manière dont Magnus Lindberg a mis en œuvre ce principe de la chaconne, qu'il a souvent désigné comme étant au cœur du triptyque orchestral auquel appartient la pièce, avec *Kinetics* et *Marea* [3]. L'accord de la figure 1, s'il constitue bien le repère perceptif le plus saillant de l'œuvre, est en réalité le premier maillon d'une chaîne de huit accords – numérotés, dans les esquisses, de 0 à 7 –, qui sont obtenus par construction de la série des harmoniques sur les fondamentales suivantes :

Figure 6.

Cette chaîne forme ainsi un cycle harmonique de neuf accords (il convient en effet de tenir compte, comme l'indiquent

[3] La chaconne était toutefois déjà le principe harmonique structurant de *Kraft* et même de *Zona* ou de *Ground*. Quant à la définition de ce terme de *chaconne*, il est évident que Magnus Lindberg l'emploie dans un sens élargi : rappelons que, selon M. BUKOFZER (*La Musique baroque*, Paris, Jean-Claude Lattès, 1982, p. 51), contrairement aux basses de la famille du *passamezzo* qui sont des *ostinati* harmoniques, «les chaconnes sont incontestablement des *ostinati* au sens strict, qui sont répétés implacablement tout au long de la composition, avec peu ou pas de variations mélodiques» ; Bukofzer remarque cependant que la distinction proposée par le *Harvard Dictionary of Music*, bien qu'«arbitraire», est «utile» : «Le terme chaconne serait réservé aux *ostinati* harmoniques et le terme passacaille aux basses contraintes» (*Ibid*., p. 52). Je retiendrai cette dernière distinction comme étant la plus satisfaisante dans le cadre de cette étude.

expressément les esquisses, de la répétition du premier accord à la fin de chaque cycle) – cycle omniprésent, irriguant toutes les textures, bien que de manière plus ou moins explicite.

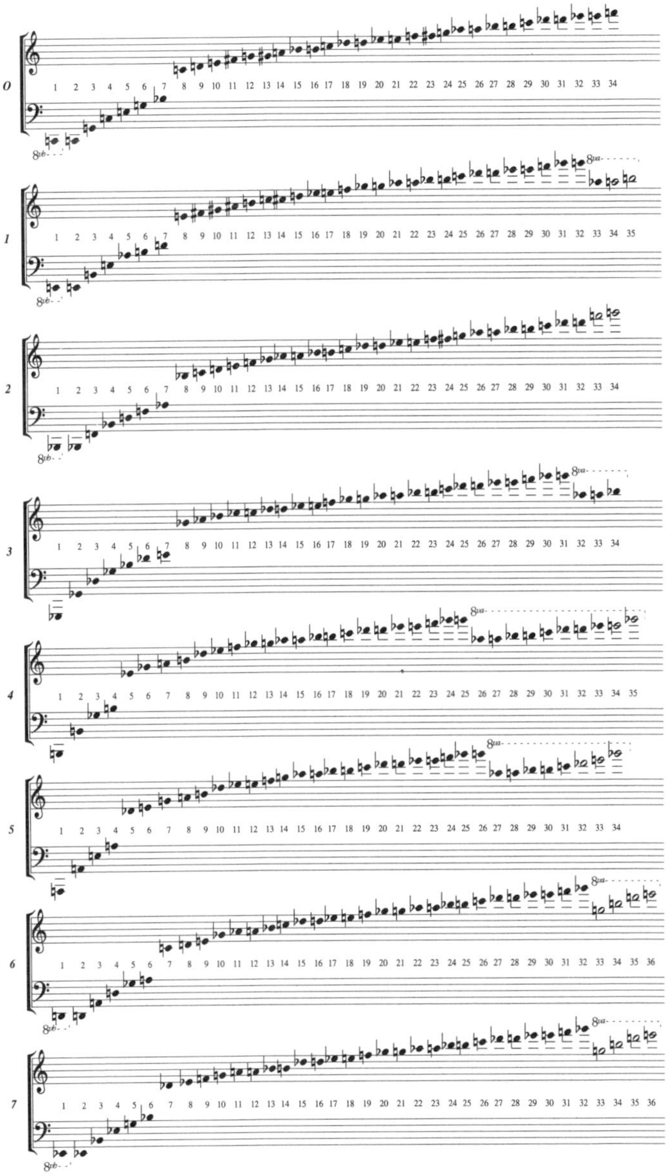

Figure 7.

Si – comme le fait le compositeur dans ses travaux préparatoires pour la pièce – on déploie ces accords jusqu'au trente-quatrième ou, selon le cas, jusqu'au trente-cinquième harmonique (*cf.* figure 7), on remarque aussitôt que, du fait de l'approximation tempérée de ces hauteurs, la région formée par les partiels supérieurs se confond avec la gamme chromatique et devient donc commune à l'ensemble des accords. A l'évidence, on touche là au point nodal de la confrontation menée par le compositeur entre les techniques sérielle et spectrale : c'est cette réduction qui permet à Magnus Lindberg d'écrire, à propos de *Marea,* que «n'importe quel accord peut être vu comme formé des partiels d'une fondamentale virtuelle [4]».
Les exemples suivants – illustrant quelques réalisations de détail de la chaconne qui innerve les textures changeantes de la pièce – se situent en différents points d'un véritable *continuum,* conduisant d'une certaine ambiguïté à une relative transparence du principe générateur du discours, de ce que Magnus Lindberg qualifie lui-même de «squelette» [5] de l'œuvre.
Si la partie de piano des mesures 1 à 8 (*cf.* figure 3) apparaît bien, à l'audition, comme une simple transposition d'une même structure intervallaire, c'est qu'en effet cette structure est à chaque fois le résultat d'une sélection des harmoniques 8, 11, 18 et 21 au sein des huit accords de la figure 7 ; ces fragments de spectre subissent donc une translation horizontale suivant la ligne mélodique formée par le motif générateur de la figure 6 – la chaconne, lisible dans ces déplacements parallèles, étant ainsi d'emblée présentée dans une certaine clarté.

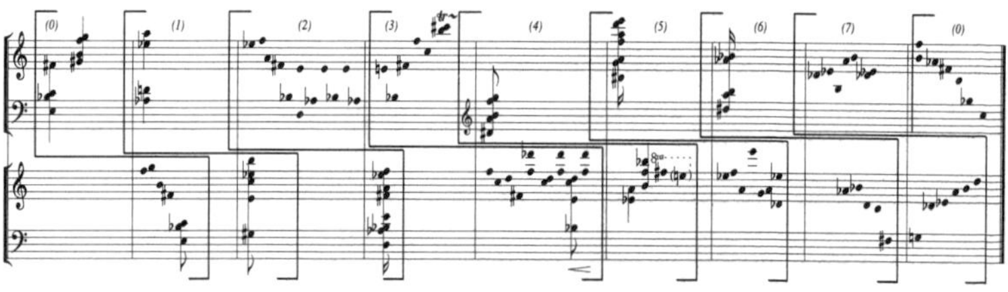

Figure 8.

[4] Magnus LINDBERG, texte de présentation pour *Marea,* programme du concert du London Sinfonietta, Queen Elisabeth Hall, Londres, 26 avril 1990, p. 4.

[5] *Cf.,* dans cet ouvrage, l'article *Entretien avec Magnus Lindberg,* pp. 9-27.

Figure 9 : **Joy,** ***pages 6-7 de la partition.***

(© Edition Wilhelm Hansen)

Figure 9 (suite).

(© Edition Wilhelm Hansen)

Au contraire, à partir de la page 6 de la partition (*cf.* figures 8 et 9), le compositeur met en œuvre un véritable *canon de chaconnes,* ce qui viendrait confirmer qu'il s'agit bien là, comme le souligne Magnus Lindberg, «d'une manière de substitut thématique [6]». Ce canon provoque une collision verticale des accords de la figure 7 deux à deux, masquant ainsi la relative lisibilité des structures qui avait prévalu jusqu'alors.

Il est vrai que, dès les premières mesures de *Joy,* les différentes strates orchestrales créent, au sein de la rotation cyclique des structures harmoniques, des vitesses différentes, des décalages – ou encore, pour reprendre une terminologie propre à la musique tonale et que le compositeur est loin de renier : des *retards* et des *anticipations.* Toutefois, comme le montre leur réduction schématique (figure 10), les mesures 21 à 32, tout en procédant déjà à un déphasage quasi canonique, confinent cette asynchronie temporaire des strates à l'espace des neuf mesures compositionnelles délimitant le cycle harmonique complet : le déphasage s'abolit à la mesure finale, qui correspond à la mesure 32 de la partition.

Figure 10.

D'autres réalisations de la chaconne s'attachent à mettre en lumière certains intervalles particuliers contenus dans le spectre harmonique. Ainsi, aux pages 10 et 11 de la partition (mesures 60 à 66), le compositeur procède à un filtrage des intervalles de quinte au sein de chacun des accords de la figure 7. Sur la figure 11, qui reproduit la disposition adoptée par le compositeur dans l'esquisse de ce passage, la portée supérieure indique le résultat de ce filtrage accord par accord,

[6] *Cf.,* dans cet ouvrage, l'article *Entretien avec Magnus Lindberg,* pp. 9-27.

tandis que la portée inférieure est la transposition différée de chaque structure ainsi obtenue un demi-ton plus bas. Il se crée donc un canon à la seconde mineure inférieure – ce canon provoquant lui-même, du fait des relations de prolongation mélodique ainsi mises au jour, un entrelacs de structures. Celui-ci n'est pourtant pas perçu comme tel, puisque Magnus Lindberg s'emploie à varier l'orchestration de chacune de ces structures, comme on pourra s'en rendre compte en comparant les figures 11 et 12 : à la mesure 61, le piano trouble l'ordonnance du matériau brut en y effectuant des permutations ; de même, s'il est possible de retracer la dérivation des motifs du piano et des vents à la mesure 65 (*cf.* figure 11, accord 6), ceux-ci ne sont plus guère perçus en relation avec les structures dont ils sont issus, mais bien comme des figurations ayant acquis un certain degré d'autonomie.

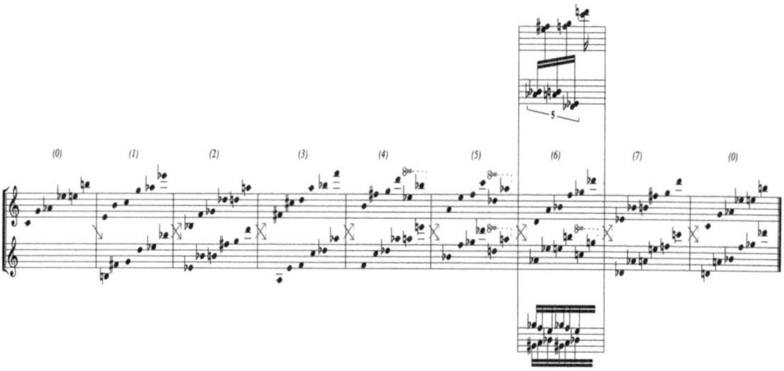

Figure 11.

Le modelé du tempo

La chaconne imprègne donc les différentes textures de la pièce et s'y cristallise en des configurations mouvantes et diverses. Cependant, il va de soi qu'un principe cyclique de ce type n'est pas à même de constituer à lui seul un projet formel à grande échelle. Ce projet, pour se définir d'un point de vue à la fois compositionnel et perceptif, se fonde sur différents moyens de caractérisation qu'il convient d'expliciter.

Figure 12 : **Joy**, ***p. 10-11.***

Figure 12 (suite).

(© Edition Wilhelm Hansen)

Parmi ceux-ci, le *tempo* joue un rôle majeur dans l'articulation du parcours formel de *Joy*. Les changements de tempo s'effectuent selon quatre modalités distinctes – le contraste abrupt, la gradation par l'*accelerando* ou par le *ritardando*, le *tempo rubato* –, qui sont autant de manières de modeler ce parcours (voir le schéma de la figure 13, qui résume les jalons formels majeurs de l'œuvre).

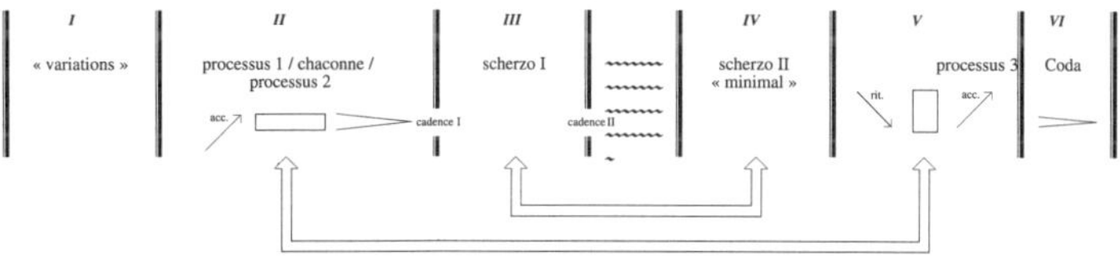

Figure 13.

Le premier grand volet de *Joy* – de la page 1 à la page 36 de la partition (section I de la figure 13) – est caractérisé par de brusques mutations dans le *tempo*, qui lui confèrent une structure cloisonnée que le compositeur compare à celle des traditionnelles variations. La figure 14 reproduit le réseau des *tempi* qui le sous-tendent, tel que le compositeur l'a développé dans ses esquisses (les mentions entre parenthèses correspondent au nombre d'unités de temps indiquées dans les esquisses ; lorsque les chiffres des esquisses s'écartent de ceux relevés sur la partition éditée de *Joy* – la pièce ayant subi quelques remaniements –, je les indique entre crochets).

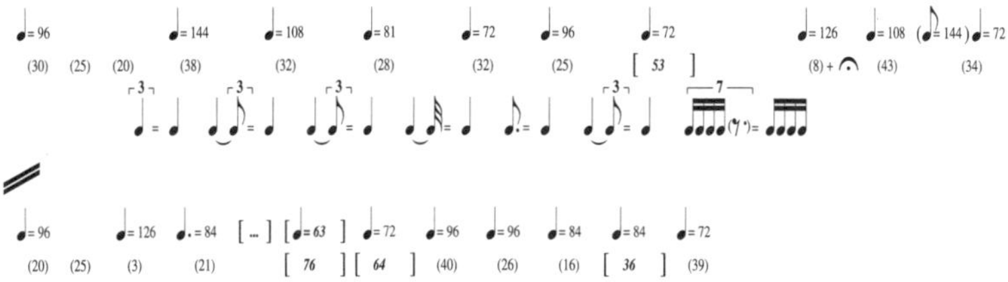

Figure 14.

Ce premier volet – que Magnus Lindberg caractérise dans ses manuscrits par le mot clef de *« static »* [7] – amène, à la mesure

[7] Les annotations des manuscrits sont le plus souvent en anglais.

215, un développement continu qui s'organise autour de deux processus graduels (section II de la figure 13). Entre ces processus, venant interrompre leur continuité, la chaconne est exposée dans tout l'éclat d'un *tutti* orchestral, mais sous une forme considérablement altérée. Chacun de ces processus est doté d'une forte directionnalité – le mot d'ordre des esquisses étant cette fois : «direction» ; le premier (de la page 37 à la page 47) est décrit par l'*enveloppe* d'un *accelerando* continu, tandis que le second (de la page 50 à la page 59) conduit, par une contraction de l'ambitus et une raréfaction du tissu orchestral, à une première cadence pour l'échantillonneur.

Cette cadence au *tempo libero* se poursuit sans rupture – en un véritable *fondu enchaîné* – dans le scherzo qui suit, à partir de la mesure 317 (section III de la figure 13). Celui-ci est interrompu par une seconde cadence pour l'échantillonneur, dont le matériau est également issu d'un travail acoustique concret sur les cordes d'un piano (j'y reviendrai). Un second scherzo (section IV de la figure 13) est amené par une brève séquence transitionnelle (mesures 388 à 423), que le compositeur compare à un collier de perles. Par son écriture, qui n'est pas sans rappeler celle d'un certain minimalisme, il semble être comme le pôle inverse des transformations continues ; les événements tendent à s'y figer dans l'itération : ce que les esquisses soulignent par le terme d'*ostinato*.

Après ces deux scherzos qui se répondent comme les deux panneaux d'un diptyque central, l'élargissement de la battue transforme peu à peu les notes répétées en accords tenus, dont l'attaque est marquée par la percussion et dont la résonance est travaillée par les vents (section V de la figure 13). Ce *ritardando* tend à se figer en harmonies massives, modelées par des changements de tempo continus et alternés ; il ouvre comme un vaste pendant aux deux processus de la section II. La chaconne reparaît également, légèrement modifiée, avant le rétrécissement final de l'ambitus dans la section conclusive.

Tel qu'il apparaît déployé sur la figure 13, ce parcours formel de *Joy* révèle donc une symétrie remarquable, bien que volontairement accidentée.

Mais il est un autre moyen, pour le compositeur, d'articuler et de caractériser les différents moments de l'œuvre : le traitement de la masse orchestrale, tantôt monolithique, confondant les timbres dans l'éclat d'un unique accord couvrant tous les registres, tantôt scindée en divers groupes, pour former une palette aux multiples touches colorées. Ces systoles-diastoles dans le déploiement de l'effectif instrumental viennent appuyer et souligner la diversité des lectures des accords générateurs.

Ainsi, le *ritardando* graduel va le plus souvent de pair avec une amplification orchestrale, avec une fusion du nombre croissant des timbres instrumentaux (pages 89 à 97 de la partition). Au contraire, l'*accelerando* ou les écarts brusques dans le tempo introduisent du *jeu* dans la cohésion de la matière orchestrale, font jouer les couleurs de manière à créer un cristal aux multiples facettes (pages 41 à 47, ainsi que 101 à 106).

L'importance accordée au timbre transparaît également dans les recherches de groupements instrumentaux que révèlent les esquisses de la pièce. En marge de la liste des sonorités disponibles pour l'échantillonneur, on relève certaines combinaisons spécifiques, qui ne seront cependant pas nécessairement mises en œuvre (on ne les retrouve pas toutes exposées dans la partition éditée) :

• piano et cuivres («Pf. + Brass»), que Magnus Lindberg désigne par le mot clef : *Eonta,* en songeant à la pièce de Xenakis ;

• trompette avec sourdine et flûte («Tr. (sord) + Fl.»), clarinette et alto à l'octave («Cl. + Vla»), que le compositeur qualifie d'«hyper-instruments» («Super Instruments»), et dont on trouvera des traces aux mesures 133-134 ou encore aux mesures 658-659 ;

• des «grands duos» («Large Duos») :

«Brass		Pf.
Perc.	◄►	Synth.
		Perc.»

ou encore :

«Fiati	◄►	Archi»

Enfin, l'interdépendance du timbre et de la vitesse se retrouve dans ce travail acoustique concret que je mentionnais précédemment. *Joy* aura en effet d'abord été projetée comme une pièce pour deux pianos, deux percussions et électronique [8], puis comme une œuvre concertante pour ensemble et quatuor soliste (les deux pianos et les deux percussions de l'état initial du projet), et finalement conçue selon une visée symphonique. Ces avatars successifs ont cependant laissé leur trace dans l'écriture de *Joy*, notamment dans la volonté de trouver un lien («un *pont* sonore») du piano à la percussion : Magnus Lindberg et Juhani Liimatainen, qui était son assistant pour *Joy*, ont soigneusement enregistré les sonorités obtenues par la «démolition» [9] d'un vieux piano à queue, en en désaccordant les cordes graves de plusieurs octaves, en les frottant ou en les coupant à l'aide d'une pince ; ces résultats acoustiques concrets ont ensuite été traités avec des filtres et des modèles de résonance permettant de les doter d'une certaine harmonicité, pour former enfin le matériau sonore de l'échantillonneur intégré à l'orchestre.

Et ce matériau acquiert une fonction structurelle que le compositeur explicite à deux reprises. Lors de la première cadence (*cf.* figure 13), les échantillons des cordes du piano jouées *arco tremolando* sont lus à des vitesses (des hauteurs) différentes, créant un enchevêtrement polyrythmique de trémolos, dont le caractère mécaniste vient se fondre et s'amplifier dans les figurations régulières du premier scherzo : l'effet de *fondu enchaîné* signalé plus haut est ainsi obtenu à la fois (ou plutôt : de façon indissociable) par le rythme et le timbre – l'un n'étant qu'un aspect de l'autre. Dans les mesures finales de *Joy*, au contraire, les résonances et les claquements des cordes du piano échantillonné apparaissent, selon les termes du compositeur, comme une «métaphore sonore de la compression» [10] qui affecte l'ambitus général de l'ensemble (*cf.* figure 13).

---

[8] La pièce est annoncée comme telle dans un catalogue des œuvres de Magnus Lindberg éditées par Wilhelm Hansen en 1988.

[9] Magnus Lindberg, texte de présentation pour *Joy*, programme du concert de l'Alte Oper de Francfort, 9 décembre 1990.

[10] Communication personnelle.

Le projet de *Joy* a subi des métamorphoses qui restent lisibles – inscrites – dans sa rédaction définitive. Sur l'une des figures schématiques embrassant l'ensemble du parcours formel de l'œuvre, le compositeur a noté, en regard de la section II, cette instruction adressée à lui-même : «*Concerto grosso*» ; le début de ce passage (pages 38 et sq.) oppose en effet un *concertino* – les deux claviers et les deux percussions – au *ripieno* de l'ensemble (ce dernier terme apparaît aussi expressément sur le manuscrit).

Cependant, les avatars de la genèse de *Joy* ne sont certainement pas l'unique façon de motiver les coexistences – ou peut-être les collisions – génériques et stylistiques au sein de la pièce. Il me semble au contraire que, par-delà l'histoire de son écriture, *Joy* relève d'une volonté d'intégration comparable à celle qui a pu présider à la conception de la première *Symphonie de chambre* de Schönberg : intégrer tous les mouvements de la symphonie classique en un seul.

Joy réunit en une même forme unitive des variations, un développement (c'est ainsi que les esquisses qualifient l'ensemble de la section II) qui comprend lui-même des traits propres au *concerto grosso*, deux cadences, deux scherzos, des mouvements lents. Au sein de cette forme que l'on aimerait dire fédérative, le scherzo occupe du reste une position centrale : comme le souligne le compositeur non sans humour, «il a fallu attendre, pour que le scherzo devienne le mouvement principal de la symphonie, la *Sinfonia* de Berio [11]» !

Mais si le scherzo, mouvement rapide par excellence, semble être ainsi appelé à figurer au cœur de la forme symphonique, pourquoi l'avoir interrompu, pourquoi l'avoir divisé en *deux* ? Peut-être pour signaler sa bivalence constitutive, qui est celle de la notion de vitesse. Car de même que l'harmonie acquiert, chez Magnus Lindberg, une essentielle ambiguïté, de même la vitesse (mais n'est-elle pas, justement, liée au rythme harmonique ?) apparaît comme une expérience musicale (tempo-

[11] Entretien avec Peter Szendy, le 8 avril 1993, à Paris.

relle) duelle : le tempo le plus rapide et le plus *strié* – celui du second scherzo – tend à se cristalliser, à devenir immobile, ou plutôt à tourner sur lui-même.
Intégrer tous les mouvements, donc, intégrer tous les genres (voire tous les styles) en un seul. Projet utopique, dira-t-on – projet lourd ?

Leggiero

Sans doute en ai-je exagéré, *chargé* la formulation. Car Magnus Lindberg ne conçoit certainement pas le savoir – la conscience et le savoir-faire stylistiques – comme un fardeau, un poids mort qu'il faudrait contrebalancer par un pénible et négatif travail de rééquilibrage. Il s'agit bien plutôt de *jouer* avec ce savoir, voire de s'en jouer, tel un équilibriste, pour en faire un *gai savoir*. C'est sans doute ce bonheur, cette joie que dit aussi le titre de l'œuvre, bien qu'il ne soit pas impossible de lire dans l'hésitation du compositeur face à ce choix – *Joy* a été adopté en écartant l'intitulé initial de *Prometheus* – la marque d'une difficulté à conquérir cette joyeuse liberté, la trace effacée du prix à payer pour s'affranchir de la rigueur du style un, de l'interdit qui pèse sur la pluralité. Aussi les esquisses n'hésitent-elles pas à nommer les allusions qui se font jour, soit dans les configurations harmoniques (le début de la dernière section est baptisé «Purcell», sans doute du fait de l'alternance d'un accord majeur et d'un accord mineur aux mesures 530-538), soit dans les groupements de timbres (la formation dite «*Eonta*»).
Magnus Lindberg sollicite des techniques d'écriture souvent considérées comme inconciliables. Peut-être faut-il comprendre cette *sollicitation*, au plus près de son sens ancien, comme ébranlement, comme *tremblement*. Dans *Joy*, ce tremblement œuvre au niveau de la ligne (il est alors un ornement, un trémolo, un *tremblé* ou un trille : figure 15, pages 58-59 de la partition), au niveau de la surface (*Joy* fait *jouer* les strates, selon une véritable tectonique des plaques). Mais il œuvre aussi (et peut-être surtout) dans la collision des styles. Au lieu d'une

responsabilité historique qui pèserait de tout son poids sur la pointe du style, Magnus Lindberg renverse en quelque sorte la figure : la métaphore de la pointe de l'iceberg – qui revient si souvent dans les propos du compositeur [12] –, cette métaphore permet de se représenter le style (la pointe) comme *flottant* avec une apparente légèreté.

Comme l'écrit Lindberg à propos de *Steamboat Bill Jr.* en 1990 : «Le style est un aspect auquel j'ai accordé beaucoup d'attention ces derniers temps. *Steamboat Bill Jr.* se meut *entre* l'étrangeté des scherzos, le purisme de la musique sérielle, des effets propres à la musique spectrale – même des approches minimalistes ne sont pas interdites [13].»

Entre. Si je souligne ce mot, c'est en songeant à ce que Derrida dit à propos des styles de Nietzsche : «Il faut écrire dans l'écart entre plusieurs styles [14].»

---

[12] *Cf.*, dans cet ouvrage, l'article *Entretien avec Magnus Lindberg*, pp. 9-27.

[13] Magnus Lindberg, texte de présentation pour *Steamboat Bill Jr.*, livret-programme de la Biennale d'Helsinki, 1991.

[14] *Cf.* note [1].

- 58 -

Figure 15 : **Joy, *p. 57-58.***

(© Edition Wilhelm Hansen)

- 59 -

Figure 15 (suite).

ANNEXES

Risto Nieminen

ŒUVRES

1975

Donor
(1974-1975), 10 min

3 flûtes, 3 hautbois, 3 clarinettes, 3 bassons, 4 cors, 3 trompettes, 3 trombones, tuba, timbales, 2 percussions, piano, harpe, cordes.
Non exécutée, retirée du catalogue par le compositeur.
Inédit.

Magnus Lindberg est entré au département des jeunes élèves de l'académie Sibelius (conservatoire national supérieur de Finlande) en 1973 comme pianiste. Il commence ses études de composition au printemps 1977, avec Einojuhani Rautavaara. Auparavant, il avait déjà composé. En témoigne cette pièce pour grand orchestre dont le titre fait allusion aux théories des atomes. L'œuvre, un mélange de Bartók et de Scriabine selon le compositeur, montre déjà son intérêt pour une écriture dense et complexe. *Donor* ne fut jamais exécutée, considérée irréalisable par les musiciens.

1976

Musik för två pianon
10 min

Deux pianos.
Non encore exécutée.
Inédit.

Une composition complètement sérielle, fondée sur une matrice élaborée, comme toute les pièces de Magnus Lindberg écrites entre 1976 et 1978. Influencée par des pièces telles que le premier livre des *Structures* de Boulez ou *Zeitmasze* de Stockhausen, *Musik för två pianon* (*Musique pour deux pianos*) ne fut jamais jouée, même si Lindberg donnait régulièrement des concerts avec Risto Väisänen, pianiste et professeur d'analyse à l'académie Sibelius.

Tre stycken

7 min

Cor, violon, alto, violoncelle.

Création : Helsinki, 25 mai 1977.

Esa-Pekka Salonen, cor, Jukka-Pekka Saraste, violon, Tapio Nevanlinna, alto, Markku Luolajan-Mikkola, violoncelle. Direction : Magnus Lindberg.

Inédit.

Œuvre sérielle, écrite pendant l'automne 1976 et offerte comme cadeau de Noël à un ami étudiant, Esa-Pekka Salonen, alors corniste, *Tre stycken* (*Trois pièces*) comporte trois mouvements. Le premier est extrêmement complexe ; le deuxième évoque des marionnettes ou des machines brisées et conduit le morceau à son point culminant ; le troisième, quant à lui, est un mouvement lent pour trio à cordes avec de longues notes tenues, suivi d'une cadence virtuose pour le cor : musique théorique d'un jeune compositeur qui s'intéressait à Milton Babbitt, surtout à son *Music for Four Synthesisers*. La pièce fut la première œuvre de Lindberg jouée en public, dans un concert organisé par l'association «Korvat auki» (Ouvrez vos oreilles), constituée par Lindberg et d'autres jeunes compositeurs de l'académie Sibelius pour promouvoir la nouvelle musique.

Klavierstück

15 min

Piano.

Création : Helsinki, 14 juin 1977.

Magnus Lindberg, piano.

Inédit.

Composée au printemps 1977, tout de suite après *Tre stycken*, la pièce fut créée sous le titre *Musik för piano* (*Musique pour piano*) par le compositeur à Helsinki, avant d'être jouée au festival Ung nordisk musik (Jeune musique nordique) en Islande. Lindberg devait écrire, pour un concert organisé par la Radio finlandaise le 14 février 1982, une nouvelle sonate pour piano, mais celle-ci ne pouvant être terminée à temps, il a préféré rebaptiser l'ancienne pièce *Klavierstück*, sans modifier la partition. Etape importante dans le développement du jeune Lindberg, cette composition fut la première qu'il montra à son professeur. Toujours écrite avec les méthodes sérielles, *Klavierstück* montre l'influence de Xenakis sur le plan des textures [1].

Etwas zarter

7 min

Bande réalisée par ordinateur au studio EMS, Stockholm.

Non encore exécutée.

Inédit.

Très intéressé par l'informatique musicale, Lindberg, fils d'un ingénieur en informatique, passait l'été au EMS (Elektronmusikstudion) à Stockholm, seule ville proche d'Helsinki alors équipée d'un studio avec ordinateur. Il y est resté six mois pour réaliser une pièce pour bande, à partir des algorithmes

[1] Lindberg avait découvert la musique et les idées de Xenakis lors des cours de musique électro-acoustique d'Osmo LINDEMAN (1929-1987) à l'académie Sibelius, en 1974 et 1975.

compositionnels. Une fois les donnés introduites dans l'ordinateur PDP 10, la pièce était automatiquement reproduite. *Etwas zarter* est une œuvre pour bande à quatre pistes avec une écriture non conventionnelle : la gamme est divisée en dix intervalles, d'où le titre : *Un peu plus doux*.

1978

Jag vill breda vingar ut

(1977-1978), 5 min

Texte (en suédois) : Gunnar Björling.

Mezzo-soprano et piano.

Non encore exécutée.

Inédit.

«En 1977 j'avais travaillé sur un projet supersériel utopique d'un cycle de pièces vocales sur des poèmes de Gunnar Björling. La méthode était ridiculement compliquée et, après plusieurs mois de calculs d'un matériau musical (!?), une mélodie seulement émergeait, *Jag vill breda vingar ut*», écrivait Lindberg quinze ans après à propos de ce travail [2].

Pendant ses premières années d'activité compositionnelle, Lindberg se s'intéressa guère aux aspects sonores de ses pièces. Une fois les matrices sérielles achevées, les compositions sortaient plus ou moins automatiquement. Le premier essai en musique vocale, *Jag vill breda vingar ut* (*Je veux étendre mes ailes*) est inspiré d'un poème du moderniste finlandais, écrivant en suédois, Gunnar Björling (1887 - 1960). Lindberg a décomposé le texte en dix différents degrés émotionnels qui donnaient, ensuite, les valeurs pour les paramètres musicaux. La mezzo-soprano chante dans son propre registre, le piano joue seulement dans les registres aigu et grave, évitant ainsi les notes chantées. La partie complexe du piano explique très certainement que la pièce n'ait toujours pas été exécutée.

---

[2] Livret de programme de la Biennale d'Helsinki, 1991, à propos de la création de *Untitled* pour chœur.

Espressione I

7 min

Violoncelle.

Non encore exécutée.

Inédit.

Espressione I est la première pièce de Lindberg où se manifeste la tentative d'une expression musicale. Bien que toujours sérielle, les lois la gouvernant ne sont pas aussi strictes qu'auparavant. Une version de cette pièce complexe a été préparée par Anssi Karttunen pour deux violoncellistes, mais n'a jamais été réalisée à ce jour.

Untitled

8 min

Chœur à 20 voix.

Création : Helsinki, 15 mars 1991.

BBC Singers. Direction : Simon Joly.

Inédit.

Au printemps 1978, Lindberg a commencé à fréquenter davantage les classes de Paavo Heininen, qui devint, à la rentrée, son nouveau professeur de composition. Heininen lui a demandé de composer une pièce pour chœur *a cappella*. Ecrite pendant l'été 1978 à Stockholm, *Untitled* n'utilise aucun texte littéraire, mais est fondée sur des principes phonétiques que Lindberg avait adoptés après avoir travaillé sur le livre de Bertil Malmberg, *Lärobok i fonetik*. *Untitled*, étudiée par un ou deux chœurs, n'avait jamais été exécutée avant la visite à Helsinki du producteur de la BBC, Martin Cotton, qui a pris connaissance de la partition et l'a ensuite proposée aux BBC Singers ; ceux-ci l'ont enregistrée à Londres (le 4 mars 1988) et finalement chantée à la Biennale d'Helsinki en mars 1991. Déjà, avant cette création, la pièce était réapparue sous forme instrumentale dans le quintette *...de Tartuffe, je crois* (1981).

Ohne Ausdruck

8 min

Bande réalisée par ordinateur au studio EMS, Stockholm.

Création : Helsinki, 15 avril 1983.

Inédit.

Pendant l'été 1978, Magnus Lindberg est revenu au studio EMS à Stockholm. *Ohne Ausdruck* (*Sans expression*) est une composition algorithmique, établie sur les mêmes procédures que *Etwas zarter*. La bande fut créée pendant le premier concert monographique de Magnus Lindberg, organisé par l'académie Sibelius en avril 1983.

Tre små pianostycken

3 min

Piano.

Editeur : Fuga.

L'éditeur finlandais Fuga désirait des petites pièces pour piano, destinées à un album pour la jeunesse. Œuvre toujours strictement sérielle, *Tre små pianostycken* (*Trois petites pièces pour piano*) n'a guère été jouée par les jeunes, non à cause de problèmes techniques – la dernière pièce ne comporte qu'une seule ligne mélodique – mais plutôt à cause de la difficulté de comprendre cette partition musicalement.

Arabesques

12 min

Flûte, hautbois, clarinette, basson, cor.

Création : Helsinki, 5 octobre 1980.

Quintette Sonus.

Inédit.

Arabesques, qui fut terminée le 26 décembre 1978, est le premier essai de Lindberg d'écriture de la musique sans support théorique structuré. C'est un changement radical dans sa conception de la musique, dû à sa récente découverte de l'œuvre de Berio, grâce aux analyses préparées pour son professeur Heininen. Dans *Arabesques*, Lindberg s'intéresse principalement à la sonorité, à la surface d'une œuvre musicale. Le titre décrit son contenu : la musique évolue par rapides figurations des instruments, qui contrôlent la densité auditive du morceau. La pièce fut écrite à la demande d'Esa-Pekka Salonen, ancien membre du quintette à vents Sonus.

1979

Play 1

10-20 min

2 pianos
Création : Helsinki, 9 septembre 1980.
Magnus Lindberg et Risto Väisänen, pianos.
Inédit.

L'œuvre, composée au cours du printemps 1979, fait appel aux processus aléatoires. L'influence de la notion d'«œuvre ouverte», et surtout de la *Troisième sonate* de Boulez, est apparente. Il y a treize sections dans la pièce, dont certaines ne sont que des inventaires de matériaux et les règles de leurs combinaisons. Les sections les plus définies ont une structure formelle fixe, même si la formulation des détails reste au choix des interprètes. Lindberg écrivit dans le programme, lors de la création, que la forme globale est comparable à celle d'une pièce de théâtre : plusieurs niveaux des événements, «rôles», dont les caractéristiques et développement sont différents.

Play 1, qui n'est pas le titre d'une série, fut créée au festival annuel de la musique nordique, Nordiska musikdagar, organisé en 1980 à Helsinki. Lindberg l'a ensuite exécutée quelquefois en concert et enregistrée pour la Radio finlandaise avec son partenaire pianistique, Risto Väisänen, avec qui il joua en duo pendant quelques années à la fin des années 70 et à qui *Play 1* est dédiée.

Layers

Durée variable

Ensemble non spécifié.
Création : Helsinki, 3 avril 1981.

Jukka Tiensuu, Ilmo Ranta, Risto Väisänen, Magnus Lindberg, claviers.

Inédit.

Layers a été conçu au même temps que *Play 1*, mais sa conception est encore plus ouverte et contient moins d'information permanente pour les musiciens. *Layers* laisse le choix des instruments aux interprètes. La seule fois où la pièce a été exécutée, à la Biennale d'Helsinki, elle a été réalisée avec quatre claviers (synthétiseurs et pianos) placés aux quatre coins de la salle, et jouée pendant les changements de scène dans un concert où les morceaux s'enchaînaient sans interruption.

Quintetto dell'estate

10 min

Flûte, clarinette, violon, violoncelle, piano.

Création : Helsinki, 24 mai 1980.

Ung Nordisk Musik Ensemble.

Inédit.

La pièce pour la formation de *Pierrot lunaire*, dont le titre originel suédois était *Kvintett*, est née pendant l'été 1979 en Italie, à Sienne, où Lindberg participait au cours de composition de Franco Donatoni : d'où le titre *Quintette de l'été*. Le matériau vient d'un projet inachevé pour voix de femme, où Lindberg tentait d'écrire une mélodie. Lors de la création au festival des jeunes compositeurs nordiques à Helsinki, Lindberg écrivait : «L'œuvre représente dans ma production la réalisation la plus claire d'utilisation des "modèles musicaux de base". Avec "modèles de base" j'entends événements, dont les qualités sont strictement définies pour chaque paramètre. Ces modèles de base sont utilisés de deux manières différentes : en les associant les uns avec les autres tels quels, et en changeant graduellement leurs qualités. La combinaison simultanée de ces deux modèles a créé des situations dramatiques intenses.»

Quintetto dell'estate est une des rares pièces de jeunesse de Lindberg qu'on entend encore en concert, tant elle est pleine d'énergie juvénile et d'inventions. S'il donnait des opus à ses œuvres, ce quintette serait son *opus* 1 : avec cette pièce, il a trouvé comment penser la musique par gestes, un aspect stylistique qu'on retrouve jusqu'à ce jour dans sa musique.

Sonatas

12 min

Violon et piano.
Commande : Radio finlandaise (YLE).
Création : Finlande, 7 mai 1980, sur les ondes de l'YLE.
Yoshiko Arai, violon, et Margit Rahkonen, piano.
Création en concert : Helsinki, 27 janvier 1981.
Hannele Segerstam, violon, et Magnus Lindberg, piano.
Editeur : Fazer Music (originalement Edition Pan).

La première commande de Lindberg, *Sonatas*, prolonge la voie ouverte par *Quintetto dell'estate*. La Radio finlandaise lançait plusieurs commandes pour enrichir le répertoire violon/piano des programmes musicaux. La création a eu lieu dans une émission en mai 1980. Dans *Sonatas*, où la problématique principale, d'après le compositeur, «était d'explorer les différences entre les formes progressives et statiques», il y a trois sonates superposées qui se mêlent les unes aux autres, se distinguant également dans les notes pour les interprètes en trois langues, respectivement en allemand, en français et en italien. La pièce, dont le titre fait référence à un quatuor à cordes de Ferneyhough (que Lindberg allait rencontrer à Darmstadt en 1980), est écrite pour violon et piano, mais la partie pour piano domine nettement. *Sonatas* n'a jamais véritablement trouvé sa place dans les programmes de concerts.

Espressione II

6 min

Violon.
Création : Viitasaari, 19 juin 1982.
Benjamin Hudson, violon.
Inédit.

Espressione II est assez loin du monde austère d'*Espressione I*, écrite pour violoncelle deux ans auparavant. La pièce pour violon est pleine d'énergie, de virtuosité, provenant des esquisses pour instruments solistes préparées pour les cours de Paavo Heininen et certainement influencée par l'écriture de Berio telle qu'elle se manifeste dans ses *Sequenze*. Lindberg a proposé ce morceau au concours de violonistes Jean Sibelius, qui devait avoir lieu à Helsinki en 1980. Le jury a attribué le premier prix à Einar Englund (né en 1916), mais l'ironie de ce concours est qu'un troisième prix a été accordé à la pièce de Lindberg, pourtant écrite par plaisanterie et composée des clichés inspirés par le jeu virtuose du violon. Ecrit pendant l'académie d'été de Sienne avec son ami Eero Hämeenniemi et envoyé au concours sous le pseudonyme de Juhani Pursiainen, le morceau a même été publié par l'édition Fazer avant que la «supercherie» ne soit révélée ! *Espressione II* fut créée au festival Time of Music à Viitasaari, un petit village au centre de la Finlande, par le violoniste américain Benjamin Hudson.

1980

Molière, ou la Cabale des dévots

20 min

Musique pour la pièce de théâtre de Mikhaïl Boulgakov.
Clarinette, cor, violon, violoncelle, piano.
Création : Helsinki, 11 avril 1980.
Adaptation littéraire : Jukka Vieno.
Ensemble instrumental de l'académie Sibelius.
Inédit.

La seule musique de scène de Lindberg, *Molière, ou la Cabale des dévots*, est née d'une collaboration entre l'académie Sibelius, où Lindberg étudiait, et le Conservatoire national d'art dramatique. Ce fut un projet important pour le jeune compositeur qui, dans son propre travail musical, s'intéressait aux juxtapositions dramatiques et aux conceptions empruntées au théâtre. La pièce est tirée de la *Cabale des dévots* de Boulgakov, pièce de théâtre sur Molière. S'y ajoutent quelques phrases empruntées aux pièces de Molière. La reinterprétation conte la vie quotidienne tourmentée et les rêves de Molière, directeur d'une troupe de théâtre. Dans la musique, écrite en étroite liaison avec le dramaturge et le metteur en scène (Ilkka Vanne) au cours de la réalisation du projet, Lindberg a employé différents caractères musicaux suggérant la fête, le deuil, le rêve, etc. Il évoque également la musique contemporaine de Molière, notamment Lully et Rameau. Un peu plus tard, une partie de cette musique s'est retrouvée dans le quintette *...de Tartuffe, je crois.*

1981

Drama

(1980-1981), 12-15 min

3 flûtes, 3 hautbois, 3 clarinettes, 3 bassons, 4 cors, 3 trompettes, 3 trombones, 3 percussions, piano, 12 premiers violons, 10 seconds violons, 8 alti, 6 violoncelles, 6 contrebasses.

Création : Helsinki, 8 février 1981.

L'Orchestre de l'académie Sibelius. Direction : Leif Segerstam.

Inédit.

Drama, «concerto pour chef et orchestre», est né à la demande du chef d'orchestre finlandais Leif Segerstam (né en 1944), alors directeur musical de l'Orchestre de la Radio finlandaise. La pièce s'inscrit dans la tradition des œuvres ouvertes de Lindberg, telles que *Play 1*, et laisse au chef la liberté de formuler la dramaturgie de certaines sections. Une fois ces choix établis, les partitions des musiciens sont définies au détail près. Les textures orchestrales, par leur notation proportionnelle, sont proches du travail accompli par les compositeurs polonais Lutoslawski et Penderecki. Cette pièce fut riche d'expérience pour Lindberg, qui, quelques années plus tard, fera du grand orchestre son instrument privilégié.

...de Tartuffe, je crois

12 min

2 violons, alto, violoncelle, piano.

Commande : Festival de musique de chambre de Kuhmo.

Création : Kuhmo, 27 juillet 1981.

Quatuor Aboa Nova et Juhani Lagerspetz, piano.

Editeur : Fazer Music (originalement Edition Pan).

...de Tartuffe, je crois est une œuvre particulière, car elle se compose pour une grande partie de citations, essentiellement d'autocitations. La pièce tire son titre d'une réplique de la pièce de théâtre sur Molière, pour laquelle Lindberg avait écrit la musique en 1980. Le matériau musical de ce quintette est aussi partiellement de la musique de scène, et s'y ajoute la musique de la pièce pour chœur, *Untitled*. Des allusions à la musique du XVIIe siècle complètent la partition : Rameau, dont émane la succession harmonique permettant de conduire l'œuvre à son point culminant, et Lully, qui fournit le matériau joué par le piano dans la partie centrale de la pièce, lors de la mort de Molière.

La dramaturgie musicale, qui pour Lindberg signifie plus construction que narration, vient du monde de théâtre : sa musique progresse par scènes et naît des tensions entre des textures différentes. Dans *Molière, ou la Cabale des dévots*, la pièce de théâtre inspirée par Boulgakov, d'où proviennent quelques courtes répliques prononcées par les musiciens dans le courant du quintette, les périodes se superposent et s'imbriquent tout comme dans la musique de Lindberg.

...de Tartuffe, je crois fut le premier succès de Lindberg : elle a été primée dans la série des jeunes compositeurs à la Tribune des compositeurs, organisée par l'Unesco, en 1982, et diffusée, en conséquence, par les radios d'une trentaine de pays.

Linea d'ombra

15 min

Flûte, clarinette, guitare, percussion

(première version : flûte, saxophone alto, guitare, percussion).

Création (1re version) : Milan, 17 mars 1983.

Ensemble Musica nel nostro tempo.

Editeur : Edition Wilhelm Hansen.

Bien qu'il ait eu quelques difficultés à écrire des pièces incluant une voix chantée, Lindberg n'a pas abandonné le texte parlé. Dans *...de Tartuffe, je crois*, il y avait déjà quelques phrases prononcées par les musiciens. Dans *Linea d'ombra* (*Ligne de l'ombre*), un extrait d'un poème en italien de Walter Valeri donne les valeurs rythmiques de l'écriture instrumentale et, à la fin de la pièce, est intégrée une citation : «Sorridi, sospira, sospendi la morte, giura che un melo di freddo dà fiori stasera» (Ris, soupire, suspend la mort, sache que le pommier de froid fleurira ce soir). Lindberg a reçu son diplôme de l'académie Sibelius en mai 1981 et a passé l'été à Rome à composer *Linea d'ombra*. Ainsi, c'est la première pièce qu'il ait écrite sans «surveillance» d'un professeur. «Cette nouvelle liberté a certainement influé sur la composition de cette pièce», écrivit le compositeur dans la notice de présentation.

L'instrumentation particulière de la première version était prévue à l'intention de la formation finlandaise Cluster, qui avait demandé la pièce mais ne l'a jamais jouée. La musique est complexe, virtuose, et laisse présager certains des aspects qui ne sont devenus apparents que plus tard dans *Action - situation - signification* ou *Kraft*. L'ensemble 2e2m l'a interprétée à Paris, le 23 mai 1986, sous la direction de Georges-Elie Octors.

Sculpture II

10 min

3 flûtes, 3 hautbois, 3 clarinettes, saxophone alto, 2 bassons, 4 cors, 3 trompettes, 3 trombones, 3 percussions, piano électrique, célesta, guitare électrique, 24 violons, 10 alti, 8 violoncelles, 6 contrebasses.

Commande : Radio finlandaise (YLE).

Création : Helsinki, 13 octobre 1982.

L'Orchestre de la Radio finlandaise. Direction : Esa-Pekka Salonen et Magnus Lindberg.

Inédit.

Sculpture II fut composée à l'automne 1981 à Paris, où Lindberg était parti pour continuer son apprentissage avec Gérard Grisey et Vinko Globokar. Il a d'abord réalisé la structure rythmique pour la pièce orchestrale : un rouleau de papier de dix-huit mètres, qui devint le squelette de *Sculpture II*. La complexité rythmique de cette composition est telle que sa réalisation en concert nécessite deux chefs d'orchestre. La «sculpture» évoquée par le titre se réfère aux grands accords, lourdement orchestrés, formant ainsi une masse sonore prête à être modelée et éclairée de différents sens au cours des dix minutes que dure la pièce. Le point culminant est atteint par la simplification de la texture, une technique que Lindberg avait déjà utilisée à diverses reprises et qu'il reprendra par la suite : ici, l'accord vertical prend graduellement une position horizontale et devient une seule note.
Lindberg avait l'intention de compléter son triptyque orchestral en s'appuyant sur la même structure rythmique, le premier volet devant être composé dans le registre aigu, le troisième dans le grave. Il a tenté de revenir sur cette idée, en 1988, en commençant une autre pièce pour orchestre commandée par la Radio finlandaise, dont le titre de travail était *Trois sculptures*, mais son langage ayant évolué dans une autre direction depuis le projet initial, il conçut alors *Kinetics*.

1982

Action - situation - signification

32 min

Clarinettes, piano, percussion, violoncelle, bande (première version : cor, piano, percussion, violoncelle, bande).
Commande : Festival des arts de Jyväskylä.
Création (1re version) : Jyväskylä, 6 juillet 1982.
Ensemble Toimii.
Editeur : Edition Wilhelm Hansen.

Action - situation - signification est écrite à Paris au printemps

1982 pour l'ensemble Toimii. Cet ensemble, dont la naissance remonte à l'été 1980 alors que Lindberg préparait une exécution de *Plus-Minus* de Stockhausen avec ses amis musiciens, compositeurs et ingénieurs de son-informaticiens, lui permet de prolonger les expériences qu'il avait acquises en jouant du piano en duo. Toimii («Ça marche»), un laboratoire musical plutôt qu'un ensemble dans le sens traditionnel, donnait à Lindberg l'occasion d'expérimenter et d'écrire des choses extrêmes, qu'il n'aurait jamais pu réaliser avec les formations constituées.

Action - situation - signification est une pièce exceptionnelle, qui montre l'influence de Globokar, sinon dans son écriture musicale, du moins dans sa conception d'utilisation de sources extramusicales dans l'élaboration d'une pièce de musique. Lindberg écrivait alors : «Seul ce qui est poursuivi jusqu'à l'extrême est intéressant – la recherche d'un ensemble équilibré est aujourd'hui impossible. On ne peut parvenir à un mode d'expression original que dans des zones marginales comme en associant l'hypercomplexe et le primitif. [3]»

Action - situation - signification cherche des correspondances entre les sons enregistrés dans la nature (bruits) et les sons produits par les instruments. La classification des sonorités est effectuée à partir des idées que Pierre Schaeffer exprimait dans son *Traité des objet musicaux* (Lindberg observera plus tard que sa classification était plus proche des conceptions de Helmut Lachenmann que de celles de Pierre Schaeffer). L'ouvrage *Masse und Macht* (*Masse et puissance*,Gallimard, 1986) d'Elias Canetti, qui décrit les caractéristiques des phénomènes de la nature, a également joué un rôle important dans l'élaboration de cette pièce. Les mouvements (*Terre 1, La mer, Interlude : bois, Pluie, Interlude : métal, Feu, Vent, Terre* 2) alternent des enregistrements bruts et statiques de la nature («situation») et le jeu des musiciens («action») ; les situations sont ainsi dynamisées et produisent, selon le compositeur, un sens («signification»). Une multitude d'instruments à percussion sont utilisés dans la pièce, la plupart étant des «objets trouvés».

---

[3] M. Lindberg, «A voice from the 80's», in *Finnish Music Quaterly*, 3-4, 1987, p. 17.

Tendenza

12 min

Petite flûte, hautbois, clarinette en mi *bémol, clarinette en* si *bémol, clarinette basse, saxophone alto, basson, contrebasson, cor, trompette, trombone, tuba, 2 percussions, harpe, piano, 2 violons, alto, violoncelle, contrebasse.*
Création : Paris, 27 janvier 1983.
Musique vivante. Direction : Vinko Globokar.
Inédit.

Tendenza est écrite pour 21 musiciens, à Paris, pendant l'automne 1982, à la demande de Vinko Globokar, pour son ensemble Musique vivante. L'œuvre, injustement très peu jouée, est un des premiers essais de Lindberg vers une expression brutale et primitive, un bloc, dont l'écoute est fondée sur le suivi des modifications dans la masse sonore plutôt que sur la dramaturgie née de la forme globale.

1983

Ritratto

(1979-1983), 13 min

2 flûtes, hautbois, 2 clarinettes, basson, 2 cors, percussion, piano, 3 violons, 2 alti, 2 violoncelles, contrebasse.
Création : Milan, 27 février 1983.
Orchestra Angelico. Direction : Vittorio Parisi.
Editeur : Fazer Music (originalement Ricordi).

Pour compléter son diplôme à l'académie Sibelius, Lindberg avait composé un concerto de chambre pour 18 musiciens. Cette pièce d'une demi-heure en six mouvements, écrite à deux reprises, n'a jamais été exécutée, si l'on excepte la tentative d'un orchestre provincial de Finlande. Délaissée jusqu'en 1982, elle réapparaît alors à l'occasion de la série de concerts milanais, Musica nel nostro tempo. Lindberg reprend son concerto, il condense le matériau en treize minutes par superposition des diverses séquences et rebaptise le résultat *Ritratto* (*Autoportrait*), en un mouvement. *Ritratto* fut la première pièce de Lindberg jouée par l'Ensemble InterContemporain (le 27 février 1984, au Théâtre du Rond-Point). La partition, d'abord publiée par Ricordi à Milan, fut rachetée par l'éditeur finlandais Fazer Music au début des années 90.

Ablauf

10 min

Clarinette/clarinette basse et 2 percussions.
Création : Helsinki, 15 avril 1983.
Kari Kriikku, clarinette et clarinette basse, Jukka Tiensuu et Ilkka Niemeläinen, percussions.
Partition revisée en 1988.
Editeur : Edition Wilhelm Hansen.

Ablauf (*Décharge*), originellement écrite à l'occasion du premier concert monographique de Lindberg à l'académie Sibelius, le 15 avril 1983, fut jouée par le clarinettiste Kari Kriikku, membre de l'ensemble Toimii, dans le hall de la salle de concert, pendant l'entracte. La partie de clarinettes (clarinette en *si* bémol pour le premier mouvement, clarinette basse pour le second) était décrite minutieusement ; les deux percussionnistes, aux extrémités du hall, accompagnaient le soliste à l'aide de grosses caisses, comme dans un rituel primitif. Il n'existe qu'une section où les trois musiciens se retrouvent et jouent en synchrone, entre les deux mouvements de la pièce. En 1988, Lindberg révisait *Ablauf* à l'occasion de son enregistrement sur un disque de Kari Kriikku et ajoutait également une notation pour les percussionnistes.

Ground

20 min

Clavecin.
Création partielle : Viitasaari, 6 août 1985.
Jukka Tiensuu, clavecin.
Création de la version avec échantillonneur : Helsinki, 15 février 1990.
Jukka Tiensuu, clavecin et échantillonneur.
Inédit.

Jukka Tiensuu, compositeur, musicien et organisateur du Festival de la musique contemporaine à Viitasaari en Finlande, avait demandé à Lindberg une pièce pour clavecin pour le festival en 1983. La partition, terminée à Rome en juin 1983, était trop complexe pour être jouée conformément aux indications du compositeur. Tiensuu a interprété une partie de la pièce à Viitasaari deux ans plus tard et la pièce ne fut créée qu'en février 1990, certains passages étant joués par un échantillonneur. *Ground* suit la lignée de *Sculpture II* et anticipe sur *Zona* et *Kraft* par son organisation rythmique.

Le titre de la pièce est issu du terme de musique baroque anglaise «ground», c'est-à-dire une séquence de fond harmonique sur laquelle évoluent des variations. La notion de «ground» n'est pas loin de la technique de «chaconne», utilisée dans presque toutes les pièces de Lindberg à partir du début des années 80.

Zona

17 min

Violoncelle soliste et flûte alto, clarinette basse, percussions, harpe, piano, violon, contrebasse.
Commande : Radio néerlandaise (NOS) et Radio finlandaise (YLE).
Création : Hilversum, 2 décembre 1983.
Anssi Karttunen, violoncelle, et Het Nieuw Ensemble.
Direction : Ed Spanjaard.
Partition revisée en 1990.
Création de la version revisée : Londres, 2 mai 1990.
Anssi Karttunen, violoncelle, et London Sinfonietta, direction Esa-Pekka Salonen.
Editeur : Fazer Music (originalement Ricordi).

Zona (*Zone*) tire son titre du film *Stalker* de Tarkovski : les «zones» sont des endroits où l'énergie s'est concentrée et vers lesquels les protagonistes se dirigent. Les «zones» de la pièce sont des champs communs au soliste et à l'ensemble. Sur la structure rythmique de base, Lindberg écrit : «J'étais intéressé par un continuum de différents rythmes, une transition progressive d'un caractère à l'autre (interpolation). Je calculais mentalement ces "interpolations" et ressentis évidemment bien vite la nécessité d'un programme informatique pour travailler de tels procédés avec plus de souplesse. [...] L'harmonie de la pièce repose sur l'extension de la technique de la chaconne, mais avec superposition et tuilage de nombreuses successions d'accords différents, dont les cycles, constamment décalés les uns par rapport aux autres, créent ainsi sans cesse de nouvelles constellations de structures de hauteurs. [4]»

La pièce, qui se divise en trois mouvements joués sans interruption, est une commande des radios néerlandaise (NOS) et finlandaise (YLE) pour un concert de la série Promenos à Hilversum pour le violoncelliste finlandais, membre de l'ensemble Toimii, Anssi Karttunen, et le Nieuw Ensemble, dont l'instrumentation fort originale se retrouve dans la nomenclature de *Zona*. La partie soliste fut préparée en collaboration avec Anssi Karttunen. Une nouvelle version, retravaillée et raccourcie, vit le jour à l'occasion d'un concert, suivi d'enregistrement, à Londres, en mai 1990.

1984

Metal Work

10 min

Accordéon et percussion.

Création : Joensuu, 18 juin 1985.

Matti Rantanen, accordéon, et Timothy Ferchen, percussion.

Deuxième version : synthétiseur et percussion

Création : Helsinki, 24 octobre 1989.

Jouko Laivuori, synthétiseur, et Timothy Ferchen, percussion.

Editeur : Edition Wilhelm Hansen.

[4] Notice de programme de la création.

Le titre *Metal Work* (*Œuvre de métal*) se réfère aux caractéristiques des deux instruments constituant cette pièce : les anches de l'accordéon et les instruments métalliques de percussion, notamment le vibraphone, qui ont été choisis précisément pour *Metal Work*. Les timbres métalliques préparent le monde sonore de *Kraft*, qui, à l'époque de la composition de *Metal Work*, était déjà sur la table de travail du compositeur. Ecrite à Berlin, où Lindberg passait la saison 1984-1985, grâce à une bourse de l'institut Goethe, *Metal Work* est née d'après la suggestion de l'accordéoniste finlandais Matti Rantanen, qui la créait au festival de chant de Joensuu en Finlande. Une version parallèle était proposée par le pianiste Jouko Laivuori, qui a joué la partie accordéon sur un synthétiseur en octobre 1989 dans un concert de la série Musica nova de la Radio finlandaise.

Projekt Faust

10 min

Récitant, clarinette, deux grosses caisses, violoncelle.
Création : Stockholm, 27 avril 1984.
Ensemble Toimii.
Inédit.

Projekt Faust est une pièce de circonstance pour compléter le programme de concert de l'ensemble Toimii à l'institut Fylkingen à Stockholm. Elle s'appuie essentiellement sur des pièces déjà existantes : les matériaux du clarinettiste et des percussionnistes dérivent de *Ablauf*, le violoncelle joue la partie soliste de *Zona*, et une sélection aléatoire des intertitres du film *Faust* de Friedrich-Wilhelm Murnau est confiée à un récitant (à la création, cette partie était tenue par Esa-Pekka Salonen). En même temps, *Projekt Faust* prépare *Faust*, pièce radiophonique réalisée en 1985 et 1986. *Projekt Faust* fut rejouée à Tampere, en Finlande, par l'ensemble Toimii, en mars 1988.

Stroke

4 min

Violoncelle.

Création : Helsinki, 30 décembre 1984.

Anssi Karttunen, violoncelle.

Editeur : Fazer Music (originalement Edition Pan).

Lindberg a participé, en automne 1984, aux Journées mondiales de la musique du SIMC (Section internationale de la musique contemporaine) au Canada pour assister à l'exécution de *Ritratto*. Il en a profité pour rester quelques temps à New York, et c'est ainsi que *Stroke* (*Coup*) est née, comme un journal de voyage. Certains matériaux préparés pour *Zona* et non utilisés ont servi de base pour la composition. Pièce courte mais très virtuose, *Stroke* est dédiée à Anssi Karttunen, qui l'enregistrait à Paris, en décembre 1984, pour la télévision finlandaise (diffusée le 29 décembre 1984, en Finlande) et qui la créait ensuite en concert à Helsinki.

1985

Kraft

(1983-1985), 27 min

Ensemble des solistes : clarinettes, violoncelle, piano, 2 percussions, dispositif de spatialisation, et orchestre : 4 flûtes/petites flûtes, flûte en sol, 3 hautbois, cor anglais, 3 clarinettes, clarinette basse, saxophone alto, 3 bassons, contrebasson, 4 cors, 4 trompettes, 4 trombones, tuba, 4 percussions, 2 harpes, piano/célesta, cordes (minimum : 14.12.10. 8.6.).

Commande : Festival d'Helsinki.

Création : Helsinki, 4 septembre 1985.

Ensemble Toimii et l'Orchestre de la Radio finlandaise.

Direction : Esa-Pekka Salonen.

Editeur : Edition Wilhelm Hansen.

Etude sur des interpolations rythmiques, développées auparavant dans des œuvres comme *Sculpture II*, *Ground* ou *Zona*,

Kraft marque le début de l'utilisation par Lindberg de l'ordinateur comme outil de composition assistée. Il passa un an, sur les deux années que dura la composition de cette œuvre massive, à concevoir l'environnement informatique qui devait lui servir ensuite à calculer les proportions et les transformations rythmiques et harmoniques complexes. *Kraft* a été écrit à Paris (1983), à Berlin (1984) et à Helsinki (1985).

L'ensemble des solistes constitue la clef de voûte de l'orchestre, le catalyseur de l'action et le sommet de l'iceberg formé par l'énorme masse sonore. Tous les membres de l'ensemble jouent, en plus de leurs instruments premiers, de nombreux instruments de percussion, surtout métalliques, collectés chez un ferrailleur. La musique est spatialisée dans l'espace par un système de haut-parleurs et par les déplacements des solistes, y compris du chef d'orchestre, pendant l'exécution. Dans sa globalité, *Kraft* se divise en deux grands mouvements, suivis d'une coda relativement longue.

Pièce très forte et originale, *Kraft* apparut vite comme l'œuvre phare de Lindberg. Après la première, remarquée par le grand public, au festival d'Helsinki en 1985, elle devint lauréate de la Tribune des compositeurs à l'Unesco en 1986. Elle reçut également le prix du Conseil nordique en 1986, et l'enregistrement, effectué à Stockholm et publié par Finlandia Records, fut primé par le prix Koussevitsky en 1988.

1986

Faust

(1985-1986), 26 min

Texte (en finnois) : Juha Siltanen.

Assistant musical : Juhani Liimatainen.

Bande (composition pour la radio) réalisée au studio expérimental de la Radio finlandaise.

Commande : Radio finlandaise (YLE).

Création : En Finlande, 17 août 1986, sur les ondes de l'YLE.

Inédit.

Pièce destinée à être diffusée à la radio, *Faust* fut réalisée au studio expérimental de la radio finlandaise entre septembre 1985 et juin 1986. L'équipe comprenait, outre Lindberg, l'écrivain Juha Siltanen (né en 1959) et l'ingénieur du son, Juhani Liimatainen (né en 1952), devenu membre de l'ensemble Toimii. *Faust,* qui inclut des enregistrements effectués sur un chantier naval, dans une centrale thermique, une imprimerie, une brasserie, peut être considérée comme héritière de la musique concrète. S'y ajoutent des sons instrumentaux, notamment du violoncelle (Anssi Karttunen) et de la clarinette (Kari Kriikku), des voix humaines (les acteurs Ragni Grönblom et Kauko Laurikainen). Lindberg a utilisé également une petit séquence de l'enregistrement de *Kraft,* ainsi que des sons de synthèse. Le texte, sans se référer explicitement à l'histoire de Faust, est un long poème en prose sur un voyage imaginaire en bateau à Venise, ville d'eau en flammes.
Ce travail collectif très intensif reçut une récompense en septembre 1986 : le jury du concours radiophonique, le Prix Italia, décidait de lui attribuer le premier prix.

UR

15 min

Clarinette/clarinette basse, piano/synthétiseur, violon, violoncelle, contrebasse, dispositif électronique.
Commande : Ircam.
Œuvre réalisée à l'Ircam.
Création : Paris, 11 octobre 1986.
Ensemble InterContemporain. Direction : Marc-André Dalbavie.
Editeur : Edition Wilhelm Hansen.

UR, que son compositeur appelle «*Kraft* en version musique de chambre», est à la fois la première pièce de Lindberg réalisée à l'Ircam et la dernière de ses œuvres de sa période influencée par l'expression primitive. Le projet à l'Ircam faisait partie du symposium «Systèmes personnels et informatique musicale», auquel participaient également des compositeurs tels que Philippe Hurel, Marc-André Dalbavie, Philippe Durville, Thomas Kessler, Michael Waisvisz, qui élaboraient là de nouvelles

œuvres. L'objectif était d'utiliser des micro-ordinateurs plutôt que les grandes machines, alors préférées par la plupart des compositeurs travaillant avec l'informatique musicale. Le Macintosh est utilisé sur deux niveaux : pour créer des structures harmoniques et rythmiques, et pour contrôler les instruments Midi en temps réel qui produisent les séquences ; celles-ci, générées par le synthétiseur Yamaha TX-816, sont déclenchées par le pianiste au cours de l'exécution. Cela permettait une interaction flexible entre les musiciens et les ordinateurs. L'environnement informatique de la composition fut mis en œuvre par Lee Boynton.
UR, dont le titre de travail était *Keystroke*, allusion aux déclenchements des séquences préparées par le clavier, est un terme aux multiples implications : ancienne ville sumérienne et mot suédois exprimant quelque chose d'extrême et d'origine, il signifie également tempête et horloge. Après la première à Paris, *UR* fut interprétée à la Biennale d'Helsinki dans un concert diffusé dans plusieurs pays par l'Union européenne de radiodiffusion (UER), et s'est ensuite imposée parmi les œuvres les plus jouées de Lindberg.

1988

Twine

7 min

Piano.

Création : Brême, 19 mai 1988.

Tuija Hakkila, piano.

Editeur : Edition Wilhelm Hansen.

Petite pièce pour piano seul, *Twine* marque pourtant une étape importante dans l'évolution stylistique de Lindberg. En effet, il n'a guère composé pendant la période précédente, affaibli par une maladie tropicale contractée en Indonésie, d'une part, et confronté à une réorientation musicale, d'autre part. Pendant ce laps de temps, naquit non seulement la pièce pour piano mais également une réflexion plus générale, qui aboutira à

Kinetics pour grand orchestre. «Musicalement, ma principale motivation ces dernières années a été de confronter la pensée sérielle à la pensée spectrale. Je trouve cette comparaison très féconde, car conflictuelle entre différents types d'organisation qui créent des constellations imprévisibles du matériau musical.» Ainsi écrivait Lindberg à propos de *Twine*, en février 1990 [5], exprimant en même temps sa nouvelle orientation vis-à-vis de l'harmonie, encore valable aujourd'hui.
La partition, datée à Paris le 8 mai 1988, est dédiée à Tuija Hakkila, qui la créa au festival Pro Musica Nova à Brême.

1989

Fanfare

2 min

2 flûtes, 2 hautbois, clarinette, clarinette basse, 2 bassons, 4 cors, 2 trompettes, trombone, tuba, 2 percussions.
Création : Porvoo, 30 juin 1988.
Avanti! Chamber Orchestra. Direction : Olli Pohjola.
Inédit.

Ecrite pour l'ouverture du festival de musique Suvisoitto (Jeux d'été) organisé chaque été par l'Orchestre de chambre Avanti! à Porvoo, *Fanfare* est une pièce de circonstance, née en trois jours au cours du travail préparatoire pour *Kinetics*. Lindberg participe en tant que compositeur à ce festival qui bénéficie, malgré sa jeunesse, d'une bonne couverture médiatique. Il donne, depuis sa création en 1986, des cours de composition et d'informatique musicale les jours précédant le festival. Lindberg révélait ainsi la genèse de *Fanfare* à la presse locale : «La fanfare était prête à 6 heures ce matin (le jour de la création). Je l'ai écrite pendant les déjeuners et dîners, utilisant un champ harmonique de ma pièce orchestrale en cours.» *Fanfare* fut ensuite enregistrée sur un disque promotionnel du sponsor d'Avanti!, la banque finlandaise KOP.

[5] Notice de programme.

Kinetics

(1988-1989), 14 min

3 flûtes, 2 hautbois, cor anglais, 2 clarinettes, clarinette basse, saxophone alto, 2 bassons, contrebasson, 4 cors, 3 trompettes, 3 trombones, tuba, timbales, 3 percussions, piano, synthétiseur, cordes (minimum : 14.12.10.8.6.).

Commande : Radio finlandaise (YLE).

Création : Helsinki, 13 mars 1989.

L'Orchestre de la Radio finlandaise. Direction : Esa-Pekka Salonen.

Editeur : Edition Wilhelm Hansen.

L'écriture de *Kinetics* débuta au printemps 1988, continua en Suisse en automne et fut complétée à Helsinki en janvier 1989. Si *Kraft* était essentiellement une œuvre pleine d'énergie, de masse et de couleurs, *Kinetics* s'intéresse plus à l'harmonie et au mouvement (d'où son titre). Dans un entretien, le compositeur a cité *Photoptosis* de B. A. Zimmermann comme œuvre exemplaire pour comprendre l'existence simultanée des différentes harmonies.

D'après Lindberg, *Kinetics* est une pièce qui génère sa propre acoustique : «J'ai décidé de séparer deux types d'harmonies différentes, la première au premier plan et l'autre en retrait. Chaque accord entendu au premier plan a son propre arrière-plan, une sorte d'ombre, qui n'existe qu'en fonction de son accord principal [6].» Pour concevoir le plan harmonique, Lindberg utilisait un logiciel, développé par Gérard Assayag à l'Ircam, qui permet de déterminer une fondamentale pour un nombre quelconque de fréquences simultanées, représentant alors les partiels de cette fondamentale. L'harmonie est l'espace, qui devient temps grâce au rythme. Les éléments rythmiques et harmoniques se combinent dans un rapport complémentaire : lorsque le matériau rythmique est répété, l'harmonie change rapidement, et lorsque les accords se répètent, la vitesse de variation rythmique s'accélère.

Kinetics fut créée au cours de la Biennale d'Helsinki, sous la direction d'Esa-Pekka Salonen, à qui l'œuvre est dédiée.

---

[6] Programme de la Biennale d'Helsinki, 1989, p. 45-46.

Jeux d'anches

(1989-1990), 9 min

Accordéon.

Commande : l'Institut finlandais d'accordéon.

Création : Tampere, 22 avril 1990.

Matti Rantanen, accordéon.

Editeur : Edition Wilhelm Hansen.

Jeux d'anches est la deuxième pièce pour accordéon (la première fut *Metal Work*). Les deux œuvres ont été suscitées par l'accordéoniste Matti Rantanen, pionnier en la matière en Finlande, et à qui *Jeux d'anches* est dédiée. Ecrite entre deux pièces pour orchestre, *Kinetics* et *Marea*, le morceau pour accordéon appartient à ces œuvres où Lindberg essaie de confronter les pensées sérielle et spectrale. La spécificité de l'instrument influence l'écriture, dotée des chaînes d'accords en legato interférant avec les gestes de la main droite de l'interprète.

Le titre *Jeux d'anches* provient de la terminologie pour orgue, utilisée, entre autres, par César Franck pour décrire les sonorités des instruments à anche double. «Comme l'accordéon produit du son par des languettes métalliques activées par courant d'air, j'ai souvent eu l'impression de composer pour un orchestre d'instruments à vent», écrivait Lindberg en février 1990 [7].

Marea

(1989-1990), 13 min

2 flûtes, hautbois, cor anglais, clarinette, clarinette basse, basson, contrebasson, 2 cors, trompette, trombone, tuba, timbales, percussion, piano, cordes (recommandées : 6.6.5.4.3.).

Création : Londres, 26 avril 1990.

London Sinfonietta, direction Esa-Pekka Salonen.

Editeur : Edition Wilhelm Hansen.

[7] Notice de programme.

Lindberg a terminé sa pièce pour un orchestre beethovenien à Cabourg, sur la côte normande, le 11 février 1990, ce qui éclaire le titre *Marea* (*Marée*) : «Cette métaphore ne me semble pas excessive pour décrire cette pièce évoquant la répétition monotone des marées, provoquée par la gravité de la lune, et la mer qui sans cesse repousse les galets [8].»
Jouni Kaipainen écrit sur le livret du disque de *Marea,* à propos de la conclusion : «Le final génial imbibé de "couleur tonale" s'apparente au monde d'un Debussy. Lindberg cloue son auditeur devant un paysage maritime, sans doute celui de *La mer.*»
La conception de l'harmonie (les harmonies sérielles et spectrales), constituant comme à l'habitude l'aspect principal de l'œuvre, la forme de *Marea* est fondée sur la variation. *Marea* fut créée à Londres lors d'une série de deux concerts du London Sinfonietta, intitulée «Stravinsky et les jeunes compositeurs finlandais», organisée au Queen Elisabeth Hall. A propos de sa pièce, Lindberg écrivait : «Des accords de douze notes se répètent comme dans une chaconne et chaque accord possède son alter ego, une série d'harmoniques, dont les fondamentaux forment la ligne de basse, une sorte de passacaille. En articulant ce cycle différemment, en employant toujours des voies diagonales différentes entre les deux niveaux, j'ai essayé de donner à la musique une direction malgré ses structures répétitives, simulant des vagues [8].»

Moto

(1988-1990), 10 min

Violoncelle et piano.

Création : Paris, 13 avril 1991.

Anssi Karttunen, violoncelle, et Tuija Hakkila, piano.

Editeur : Edition Wilhelm Hansen.

Après avoir écrit la première esquisse de *Kinetics* en août 1988, Lindberg ressentit la nécessité de produire une œuvre plus modeste, avant de continuer la grande pièce orchestrale. Mais

[8] Programme de Stravinsky & Young Finnish Composers, Queen Elisabeth Hall, p. 4.

Moto devait attendre le printemps 1990 avant d'être définitivement terminée.

Comme dans *Kinetics*, il s'agissait essentiellement de mouvements de différents types, au niveau tant rythmique qu'harmonique ; aussi décidait-il d'écrire un duo pour Tuija Hakkila et Anssi Karttunen, utilisant certains archétypes de mouvement, parallèles à *Kinetics*. La pièce est sous-divisée en quatorze sections, chacune montrant le même matériau dans une configuration différente. Elle suit une progression harmonique, comme un rondeau, articulé différemment à chaque reprise. Selon Lindberg, «*Moto* est certainement l'une des pièces les plus virtuoses que j'aie écrite. Elle est, naturellement, dédiée à Tuija Hakkila et Anssi Karttunen. [9]» *Moto* fut créée par ses dédicataires au salon Musicora à Paris en avril 1991, lors d'un petit concert monographique, où furent également exécutées *Stroke, Twine* et *Steamboat Bill Jr.*

Steamboat Bill Jr.

8 min

Clarinette et violoncelle.

Création : Varsovie, 15 septembre 1990.

Kari Kriikku, clarinette, et Anssi Karttunen, violoncelle.

Editeur : Edition Wilhelm Hansen.

La pièce pour clarinette et violoncelle, dont le titre provient d'un film de Buster Keaton, est écrite pour Kari Kriikku et Anssi Karttunen, qui avaient demandé à plusieurs compositeurs finlandais de leur écrire un duo. La création a eu lieu lors d'un concert de l'ensemble Toimii au Festival d'automne de Varsovie.

Steamboat Bill Jr. est née en 1990 pendant la période où Lindberg travaillait sur *Joy*. Paradoxalement, si l'on pense à un duo composé de deux instruments mélodiques, l'œuvre se fonde sur une conception harmonique. La clarinette et le violoncelle créent de larges accords successifs en alternant plusieurs niveaux de registre. «J'imagine que le musicien jouant cette pièce doit se sentir comme un joueur d'échecs effectuant plusieurs coups en même temps», écrit Lindberg.

---

[9] Notice de programme.

Steamboat Bill Jr. est une pièce polystylistique, où les caractères alternent entre un scherzo, musique sérielle pure, avec des effets typiques de la musique spectrale, d'où même le minimalisme n'est pas exclu. Selon Lindberg : «Le pluralisme en soi n'est pas nécessairement très intéressant, l'important en ce qui me concerne est cette écriture kaléidoscopique, dont la variété maximale est tirée d'un matériau musical limité [10].»

Joy

(1989-1990), 30 min

2 flûtes, hautbois, 2 clarinettes, clarinette basse, basson, 2 cors, trompette, trombone, tuba, 2 percussions, piano/célesta, synthétiseur/échantillonneur, 2 violons, 2 alti, 2 violoncelles, contrebasse.

Commande : Ensemble InterContemporain et la Fondation Total pour la musique.

Œuvre réalisée à l'Ircam. Assistants musicaux : Juhani Liimatainen, Arnaud Petit.

Création : Francfort, 9 décembre 1990.

Ensemble InterContemporain. Direction : Arturo Tamayo.

Editeur : Edition Wilhelm Hansen.

Troisième volet du triptyque commencé avec *Kinetics* et *Marea*, *Joy* eut plusieurs phases préparatoires avant d'être écrite pour un ensemble de vingt-trois musiciens et un dispositif électronique. Après *UR*, sa première pièce réalisée à l'Ircam, Lindberg entrait à l'institut pour travailler sur un projet de recherche qui devait aboutir à une œuvre pour deux pianos, deux percussions et dispositif électronique. Le projet de recherche n'étant pas terminé, Lindberg revint à l'Ircam en 1989 avec l'intention de réaliser une œuvre pour deux claviers (piano et clavier électronique), percussions et ensemble avec électronique. Finalement, les solistes furent supprimés, mais il reste une trace de cette idée première dans l'écriture pour claviers et percussions.

Si *Kinetics* marquait l'apparition de l'harmonie spectrale dans la musique de Lindberg et la notion des différents niveaux

[10] Notice de programme.

d'harmonies, et *Marea* la confrontation entre une harmonie spectrale et une harmonie sérielle, *Joy* témoigna de l'arrivée d'un troisième niveau : l'aspect timbral de l'harmonie. Le principe formel de *Joy* s'appuie sur les combinaisons des différents matériaux harmoniques.

En plus des instruments traditionnels, l'ensemble intègre un échantillonneur (Akai S1000) et un synthétiseur (Yamaha SY77). Tous les sons échantillonnés proviennent d'une source unique : l'enregistrement de la démolition d'un piano à queue, que Lindberg avait déniché dans le grenier de la maison d'été de ses parents à Porvoo, en Finlande. Les derniers soupirs de ce vieil instrument étaient alors transférés à l'Ircam sur l'ordinateur Vax, qui a permis de les transformer et de les traiter. Le traitement éloignait les sonorités réalistes et les modelait en matériau musical. L'utilisation de sons bruts, façon «musique concrète», intéressait plus le compositeur, qui avait déjà travaillé ainsi des pièces comme *Action - situation - signification* ou *Faust*.

Joy, une des pièces les plus mûres de Lindberg à ce jour, fut terminée à Paris le 18 octobre 1990 et créée à l'Alte Oper de Francfort en décembre de la même année. La création parisienne eut lieu, en février 1991, au Centre Georges-Pompidou. L'Ensemble InterContemporain était dirigé par Jukka-Pekka Saraste, à qui l'œuvre est dédiée.

1991

Piano Concerto No.1

30 min

Piano soliste et orchestre : 2 flûtes, hautbois, cor anglais, 2 clarinettes, clarinette basse, 2 bassons, 2 cors, trompette, trombone, tuba, 2 percussions, harpe, cordes (recommandées : 8.8.6.4.4.).

Commande : Festival d'Helsinki.

Création : Helsinki, 4 septembre 1991.

Paul Crossley, piano, et l'Orchestre de la Radio finlandaise. Direction : Esa-Pekka Salonen.

Partition révisée en 1993, 25 min
Création : Stockholm, 26 mars 1993.
Paul Crossley, piano, et l'Orchestre de la Radio suédoise.
Direction : Esa-Pekka Salonen.
Editeur : Edition Wilhelm Hansen.

Lindberg avait déjà promis d'écrire un concerto pour piano pour le Festival d'Helsinki, mais le projet initial s'était transformé en *Kraft* en 1985. Son premier concerto, dans le sens classique du terme, vit le jour en 1991, sous un titre anglais probablement en signe d'amitié envers son dédicataire, le pianiste britannique Paul Crossley. Le piano n'est pas traité ici comme un instrument de percussion, comme dans la plupart des concertos pour piano de ce siècle. Plutôt que par Bartók, l'écriture semble être influencée par Ravel, à qui Lindberg doit son instrumentation, presque identique au concerto en *sol* majeur du compositeur français.

Piano Concerto No.1 est joué *attacca* du début jusqu'à la fin, mais il est marqué par les trois mouvements d'un concerto traditionnel. Le premier mouvement est dynamique et évolutif, proposant, à la manière de *Joy*, des processus successifs s'épanouissant en différentes directions. Le deuxième mouvement, sorte de *concerto grosso* où alternent sections solistiques et orchestrales, est de caractère lent, même si le piano étincelle vivement sur un fond immobile. Le troisième mouvement, un long processus, commence par un ensemble de quatre violons jouant des figures énergiques et avance progressivement vers le climax, agrégat harmonique figé. La deuxième partie du troisième mouvement revient graduellement vers les sonorités du début de la pièce, avec cette fois quelques subtiles références aux *Préludes* de Debussy. Une autre citation discrète peut être remarquée au milieu de la pièce : *la Valse triste* de Sibelius, comme un hommage aux versions de cette pièce improvisée lors des concerts de l'ensemble Toimii.

Après la création au Festival d'Helsinki, Lindberg souhaitait quelques modifications et coupures dans la pièce dont il n'était pas entièrement satisfait. Quelques retouches furent effectuées à l'occasion du concert du festival Stockholm New Music en mars 1993, mais, selon le compositeur, la pièce n'a pas encore trouvé sa forme définitive. *Piano Concerto* No. *1* marque un changement dans la pratique d'écriture de Lindberg : c'est la première fois qu'il réalise une partition sur ordinateur à l'aide du logiciel de notation Finale. Auparavant, il avait toujours écrit ses partitions à la main, laissant ainsi beaucoup d'esquisses pour les musicologues s'intéressant à la genèse d'une œuvre musicale. Toutes les pièces écrites après ce concerto sont réalisées directement sur ordinateur.

1992

Corrente

(1991-1992), 13 min

Flûte, hautbois, clarinette, basson, 2 cors, trompette, trombone, piano, harpe, percussion, 2 violons, alto, violoncelle, contrebasse.
Commande : Svenska Litteratursällskapet i Finland.
Création : Helsinki, 5 février 1992.
Avanti! Chamber Orchestra. Direction : Sakari Oramo.
Editeur : Chester Music.
Version pour clarinette, guitare, vibraphone, piano, violoncelle (renommé Decorrente).
Création : Stockholm, 4 septembre 1992.
Ensemble Toimii.
Inédit.

Si *Piano Concerto* N° *1* était un essai vers une nouvelle phase stylistique, *Corrente* en est clairement la réalisation. Lindberg abandonne l'articulation de la musique par des gestes instrumentaux et s'oriente vers les continuums. Commandée par l'association suédoise de la littérature en Finlande pour sa fête annuelle et écrite en grande partie pendant l'automne 1991 à Helsinki, *Corrente,* pour seize instrumentistes, fut créée à l'université d'Helsinki en février 1992. Le titre en italien se réfère à la danse baroque, «courant» en français. Cette allusion est due à la courte succession harmonique au milieu de la pièce, provenant de la *Musique funèbre pour la reine Mary* de Purcell.

Une autre version de *Corrente* fut réalisée au concert de l'ensemble Toimii au Kulturhuset à Stockholm, en septembre 1992, sous le titre *Decorrente.* Par la suite, son matériau est développé aux dimensions d'un orchestre symphonique dans *Corrente II.*

Duo concertante

(1990/1992), 13 min

Clarinette et violoncelle solistes, et ensemble : flûte, hautbois/cor anglais, mandoline, guitare, vibraphone, harpe, alto, contrebasse.

Commande : Westdeutscher Rundfunk (WDR).

Création : Witten, 25 avril 1992.

Kari Kriikku, clarinette, Anssi Karttunen, violoncelle, et Nieuw Ensemble. Direction : Jürjen Hempel.

Editeur : Chester Music.

Duo concertante est une deuxième version de *Steamboat Bill Jr.* Dans la nouvelle pièce, la clarinette et le violoncelle sont accompagnés par un petit ensemble, dont l'instrumentation est dictée par celle du Nieuw Ensemble d'Amsterdam. Le concept de *Steamboat Bill Jr.* était doté d'une pensée harmonique, que la réalisation avec seulement deux instruments avait laissée sous-jacente. Dans *Duo concertante,* une grande partie de l'iceberg est audible, l'ensemble articulant des aspects plus profonds du matériau musical. L'ensemble, composé de huit musiciens, accrédite l'idée d'un duo se formant par famille : flûte et hautbois, mandoline et guitare, vibraphone et harpe, alto et contrebasse.

Ecrite d'après une commande de la chaîne de radio allemande WDR à Cologne, pendant l'hiver 1992 à Helsinki, *Duo concertante* fut créée à la fin d'avril 1992 au Festival de musique de chambre de Witten par le Nieuw Ensemble.

Clarinet Quintet

18 min

Clarinette, 2 violons, alto, violoncelle.

Commande : Festival de musique de chambre de Kuhmo.
Création : Kuhmo, 16 juillet 1992.
Kari Kriikku, clarinette, et le quatuor Jean Sibelius.
Editeur : Chester Music.

La composition de ce quintette fut commencée et terminée à Helsinki, mais c'est à Stockholm, en mai 1992, qu'il fut élaboré. Commandé par le Festival de musique de chambre à Kuhmo, à l'est de la Finlande, *Clarinet Quintet* est la sixième pièce écrite par Lindberg pour le clarinettiste Kari Kriikku. Le point de départ était *Steamboat Bill Jr.* pour clarinette et violoncelle : Lindberg écrit, dans la notice de programme à la création, que les premières esquisses étaient pour clarinette et violoncelle «accompagnés» par deux violons et alto. Affirmant sa prédilection pour l'orchestre, Lindberg essayait d'imiter le sentiment d'un *tutti* orchestral dans l'échelle du quintette avec clarinette. Pour Lindberg : «Bien qu'elle dure près de vingt minutes, la pièce est en un seul mouvement. Ses sections s'appuient soit sur un matériau statique, composé de gammes différentes, évoquant ainsi un bruissement d'insectes, soit sur des processus directionnels obligeant la musique à changer graduellement de caractère en la poussant vers des extrêmes de registres ou de vitesses.»

Corrente II

18 min

2 hautbois, cor anglais, 2 clarinettes, clarinette basse, 2 bassons, contrebasson, 4 cors, 2 trompettes, 3 trombones, timbales, percussion, harpe, piano, cordes (recommandées : 14.12.10.8.6.).
Commande : British Broadcasting Corporation (BBC).
Création : Londres, 27 novembre 1992.
L'Orchestre symphonique de la BBC. Direction : Andrew Davies.
Editeur : Chester Music.

Commandée par la BBC pour le festival de la musique scandinave, Tender is the North, *Corrente II* fut créée au Barbican Centre à Londres, en novembre 1992. *Corrente II* n'est pas seu-

lement une version pour grand orchestre de *Corrente* pour seize musiciens : elle est plus longue d'un tiers et comporte des matériaux absents dans *Corrente.* Lindberg décrit lui-même la différence entre les deux pièces dans la notice de programme de la BBC : «On peut penser à un paysage vu à des distances variables. De nouveaux détails sont perceptibles de près et, quand on s'éloigne, on le voit comme partie d'une entité plus large.»
Dans le même contexte, Lindberg donne une attestation sur sa nouvelle orientation stylistique : «En 1991, après avoir écrit le *Concerto pour piano,* précédé par trois œuvres pour des orchestres de différentes formations (*Kinetics, Marea* et *Joy*), je sentais que j'étais parvenu à mes fins en ce qui concerne l'utilisation d'une certaine expression musicale et technique compositionnelle. Toutes ces œuvres étaient fondées sur le principe de chaconne élargie, avec des chaînes d'accords en cercles, soumises à une transformation constante et articulées d'une manière très gestuelle. Le paradoxe musical, et évidemment le défi, était le désaccord entre la méthode de construction exprimée par les gestes et l'orientation vers une continuité en termes de progression et de développement.»
Afin que l'harmonie et le rythme soient plus proches l'un de l'autre, Lindberg abandonnait le principe de chaconne et établissait l'harmonie sur différent agrégats de gammes. Le matériau rythmique était fondé sur des *patterns* avec une approche kaléidoscopique à la répétition et variation. «En combinant ces *patterns* et agrégats de gammes, j'ai voulu donner à l'expression musicale un sens narratif composé de directions se mouvant dans différentes constellations orchestrales.»
L'absence de flûtes dans l'orchestre constitue une particularité de l'instrumentation.

1993

Songs from North and South

13 min

Chœur d'enfants.

Texte (en anglais) : E. E. Cummings, textes traditionnels des Indiens d'Amérique du Nord et du Sud.
Commande : Chœur de Tapiola.
Création partielle : Järvenpää, 22 avril 1993.
Chœur de Tapiola, direction Erkki Pohjola.

Songs from North and South, la première pièce pour chœur de Lindberg après *Untitled* en 1978, fut écrite au début de l'année 1993. Erkki Pohjola, le directeur du chœur d'enfants finlandais Tapiola, avait passé la commande quelques années auparavant. La pièce propose cinq mouvements, dont les textes proviennent des poèmes d'E. E. Cummings et d'une anthologie de textes traditionnels des Indiens d'Amérique en traduction anglaise. La partition ayant été livrée tardivement, le chœur n'a pu préparer qu'un mouvement pour les concerts célébrant son 30e anniversaire à Järvenpää, puis à Espoo, leur ville d'origine. *Songs from North and South* est dédiée à Erkki Pohjola.

Coyote Blues

11 min

Flûte, hautbois, clarinette, basson, cor, trompette, trombone, percussion, piano, 2 violons, alto, violoncelle, contrebasse.
Commande : Svenska Rikskonserter.
Création : Stockholm, 25 mars 1993.
KammarensembleN. Direction : Petter Sundkvist.
Editeur : Chester Music.

Le catalogue de Magnus Lindberg montre bien la difficulté qu'éprouve ce compositeur de rythme et d'harmonie à écrire pour la voix. Quand l'association nationale suédoise pour les concerts Rikskonserter lui commande une œuvre pour le festival Stockholm New Music, où il était l'un des trois compositeur invités avec Xenakis et Gubaidulina, il tente de réaliser une pièce pour voix soliste et ensemble. Malgré des esquisses mélodiques pour baryton, le résultat final est encore une fois une œuvre pour instruments. Mais la genèse de l'œuvre comporte assez d'éléments permettant d'appréhender *Coyote Blues* avec ses expressions plaintives, ses mélismes, ses petites phrases à la hoquetus, ses mélodies bucoliques et ses *glissandi*. Lindberg donne lui-même sa propre clef dans son commentaire du livret-programme de l'œuvre en révélant que pendant la conception du projet il avait réalisé une analyse des trois versions différentes de *Noces* de Stravinsky, et apparemment laissé cette œuvre influencer sa composition [11].

Œuvres collectives

Canzona

Avec Eero Hämeenniemi (sous le pseudonyme de Juhani Pursiainen).
Création : Helsinki, 16 décembre 1980.
Hannele Segerstam, violon.
Editeur : Fazer Music.

Voir la présentation d'*Espressione II*, pages 85-86.

Dr. T

10 min

Avec Juhani Liimatainen.
Bande, clarinette, violoncelle, percussion, piano.
Bande réalisée au studio expérimental de la Radio finlandaise (YLE).
Création : Helsinki, 27 août 1988.
Ensemble Toimii.
Inédit.

La pièce est née, en collaboration avec l'ingénieur du son du studio expérimental de la Radio finlandaise, Juhani Liimatainen, de la nécessité de remplacer *Action - situation - signification*, prévue pour un concert de l'ensemble Toimii au Festival d'Helsinki, mais abandonnée pour manque de répétitions. Le

[11] Les analyses de *Noces* firent partie du programme que Lindberg avait présenté au Centre Acanthes à Avignon, en juillet 1992, où il était invité comme compositeur en résidence, avec Tristan Murail, George Benjamin et Philippe Manoury.

titre fait référence à un film de Ray Rowland, The *5 000 Fingers of Dr. T (Les cinq mille doigts du Dr T., 1953)*, qui décrit le rêve d'un jeune garçon fréquentant les classes de piano. *Dr. T* est une pièce composée de sons de piano brisé sur bande, commentés par les instrumentistes. En quelque sorte, un travail préparatoire pour les passages échantillonnés de *Joy !*

Yhdessäolon moodit

45 min

Avec Eero Hämeenniemi, Jouni Kaipainen, Olli Kortekangas, Tapani Länsiö, Lauri Nykopp, Kaija Saariaho, Esa-Pekka Salonen.
Création : Helsinki, 24 mars 1983.
Korvat auki Ensemble. Direction : Esa-Pekka Salonen.
Inédit.

Œuvre collective de huit compositeurs de l'association Korvat auki, *Yhdessäolon moodit (Les modes d'être ensemble)* est, malgré l'idée originale d'un *team work,* une suite de petites pièces jouées *attacca.* Une seule exécution a eu lieu à ce jour, lors de la création à la Biennale d'Helsinki, en mars 1983.

Mysteerio järvellä

Avec plusieures personnes.
Création : Viitasaari, 26 juillet 1987.
Ensemble Toimii.
Inédit.

Cet *happening* en plein air, *Mysteerio järvellä (Mystère sur le lac)*, organisé sur l'eau à Viitasaari en Finlande centrale, faisait partie du festival de la musique contemporaine Time of Music. Une esquisse des grandes lignes de cette heure de représentation fut réalisée par Lindberg et des membres de l'ensemble Toimii, qui avaient donné des concerts au festival. La musique électronique était diffusée à bord d'une vieille barge et la musique instrumentale, surtout des percussions, dans des bateaux à rames s'éloignant et se rapprochant de la barge.

DISCOGRAPHIE

Microsillons

Tre stycken

Esa-Pekka Salonen, cor, Jukka-Pekka Saraste, violon, Tapio Nevanlinna, alto, Markku Luolajan-Mikkola, violoncelle. Direction : Magnus Lindberg

(Avec des œuvres de Esa-Pekka Salonen, Tapani Länsiö, Lars Karlsson, Eero Hämeenniemi, Jouni Kaipainen, Otto Romanowski.)

***Académie Sibelius - SAOLP 101** (1980) (épuisé).*

Tre små pianostycken

Matti Raekallio, piano.

(Avec des œuvres de Harri Wessman, Kalevi Aho, Harri Vuori, Jarmo Sermilä, Mikko Heiniö, Herman Rechberger, Tauno Marttinen.)

***Fuga 3038** (1984).*

Disques compacts

Action - situation - signification • Kraft

Toimii Ensemble, l'Orchestre de la Radio suédoise. Direction : Esa-Pekka Salonen.

***Finlandia Records - FACD 372** (1988).*

Fanfare

Avanti! Chamber Orchestra. Direction Jukka-Pekka Saraste.

(Avec des œuvres de Jean Sibelius, Aarre Merikanto, Yrjö Kilpinen, Leevi Madetoja, Toivo Kuula.)
KOP CD-01 *(1989) (non commercialisé).*

UR

Ensemble Musique nouvelle. Direction : Georges-Elie Octors.
(Avec des œuvres de Franco Donatoni, Jonathan Harvey, Hugues Dufourt.)
Ricercara - RIC 070352 *(1990).*

Twine

Ichiro Nodaira, piano.
(Avec des œuvres de Tristan Murail, Cort Lippe, Ichiro Nodaïra.)
Apollon - APCC-8 *(1991).*

UR

Sonanza. Direction : Jan Risberg.
(Avec des œuvres d'Arnold Schoenberg, Anders Nilsson.)
Caprice Records - CAP 21382 *(1991).*

Kinetics

Orchestre de la Radio bavaroise. Direction : Jukka-Pekka Saraste.
Ondine - ODE 758-3 *(1991)*
(Cet enregistrement fut publié ultérieurement sur Ondine - ODE 782-2.)

Kinetics • Marea • Joy

Avanti! Chamber Orchestra, l'Orchestre de la Radio bavaroise. Direction : Jukka-Pekka Saraste.
Ondine - ODE 782-2 *(1992).*

Metal Work • Ablauf

Twine • Kinetics • Jeux d'anches

Metal Work :

Matti Rantanen, accordéon, Timothy Ferchen, percussions (paru auparavant sur Finlandia FACD 404 [1991], avec des œuvres de Erkki Jokinen, Tapio Nevanlinna, Jukka Tiensuu, Leonid Bashmakov).

Ablauf :

Kari Kriikku, clarinette, Tapio Aaltonen, Kalevi Ohenoja, percussions (paru auparavant sur Finlandia FACD 366 [1989], avec des œuvres de Esa-Pekka Salonen, Olli Koskelin, Iannis Xenakis, Franco Donatoni, Claudio Ambrosini).

Twine :

Tuija Hakkila, piano (paru auparavant sur Finlandia FACD 406 [1991], avec des œuvres de Maurice Ravel, Henri Dutilleux, Jouni Kaipainen, Esa-Pekka Salonen).

Kinetics :

L'Orchestre de la Radio finlandaise. Direction : Esa-Pekka Salonen (paru auparavant sur Finlandia FACD 394 [1991], avec des œuvres d'Esa-Pekka Salonen, Jouni Kaipainen).

Jeux d'anches :

Matti Rantanen, accordéon (paru auparavant sur Finlandia FACD 404 [1991], avec des œuvres de Erkki Jokinen, Tapio Nevanlinna, Jukka Tiensuu, Leonid Bashmakov).

Finlandia Records - 500342 *(1992).*

...de Tartuffe, je crois • Linea d'ombra

Zona • Ritratto

...de Tartuffe, je crois :

Endymion Ensemble. Direction : John Whitfield (paru auparavant sur Finlandia FACD 361 [1989], avec des œuvres de Jouni Kaipainen, Eero Hämenniemi, Kaija Saariaho.

Linea d'ombra :

Kari Kriikku, clarinette, Timothy Ferchen, percussions,

Olli Pohjola, flûte, Esko Virtanen, guitare (paru auparavant sur Finlandia FACD 366 [1989], avec des œuvres de Esa-Pekka Salonen, Olli Koskelin, Iannis Xenakis, Franco Donatoni, Claudio Ambrosini).

Zona :

Anssi Karttunen, violoncelle, London Sinfonietta. Direction : Esa-Pekka Salonen (paru auparavant sur Finlandia FACD 400 [1990], avec des œuvres de Paul Hindemith, Aarre Merikanto, Bernd Alois Zimmermann).

Ritratto :

Avanti! Chamber Orchestra. Direction : Esa-Pekka Salonen (paru auparavant sur Finlandia FACD 365 [1988], avec des œuvres d'Aarre Merikanto, Paavo Heininen).

Finlandia Records - 500332 *(1992).*

UR

Cikada. Direction : Christian Eggen.

(Avec des œuvres de Tristan Murail, Bjørn Kruse, Anders Nilsson, Magne Hegdal.)

Albedo ALBCD 005 *(1993).*

A paraître

UR • Duo concertante
Corrente • Joy

Alain Damiens, clarinettes, Dimitri Vassilakis, piano et synthétiseur, Maryvonne Le Dizès, violon, Pierre Strauch et Jean-Guihen Queyras, violoncelles, Frédéric Stochl, contrebasse. Ensemble InterContemporain. Direction : Peter Eötvös et Jens McManama (pour UR). Technique Ircam.

Collection «Compositeurs d'aujourd'hui» chez Adès (3e trimestre 1993).

Stroke

Anssi Karttunen, violoncelle.
(Avec des œuvres de Eugène Ysayë, Ernst Krenek, Luigi Dallapiccola, Witold Lutoslawski, Henri Dutilleux, Esa-Pekka Salonen, Kaija Saariaho.)
Finlandia Records *(3e trimestre 1993).*

Clarinet Quintet

Kari Kriikku, clarinette, et le quatuor Arditti.
(Avec des œuvres de Kaija Saariaho, Jukka Tiensuu, Bengt Sørensen.)
Disques Montaigne *(3e trimestre 1993).*

BIBLIOGRAPHIE

Textes de Magnus Lindberg

«Retrospektiivinen katsaus sävellystyöhöni» (Un regard rétrospectif sur mon travail compositionnel) (en finnois), dans l'ouvrage collectif *Ammatti : säveltäjä,* textes réunis par Pekka Hako et Risto Nieminen. Helsinki, 1981.

«Rapport 1984» (Report 1984) (en suédois), in *Musikrevy* 2, 1984.

«A Voice from the 80's» (titre originel de Lindberg : «Thoughts on being a composer»), in *Finnish Music Quarterly* 3-4, 1987.

Notes de programme sur ses propres œuvres ; disponibles au Finnish Music Information Centre ou chez les éditeurs.

Textes sur Magnus Lindberg

Risto NIEMINEN : «The calculation of processes is a source of inspiration», in *Finnish Music Quarterly* 3, 1986. Version allemande in *Musik-Texte* 18 : «Der strukturierende Bruitist», avec la partition de *Stroke* pour violoncelle (février 1987).

Asbjørn SCHAATHUN : «Magnus Lindberg : den taleføre modernist» (en norvégien), in *Ballade* 1, 1987.

Pelle GUDMUNDSEN-HOLMGREEN : «*Kraft*», in *Nordic Sounds,* June 1988 (publié auparavant en danois dans *Opus*).

Anders BEYER : «En ny verden af klange - interview med Magnus Lindberg» (en danois), in *Dansk musiktidskrift* 1, 1989-90.
Friedrich SPANGEMACHER : «Punk und Muttermilch - Ein Gespräch mit dem finnischen Komponisten Magnus Lindberg», in *Neue Zeitschrift für Musik*, janvier 1991.

Pierre GERVASONI : «Magnus Lindberg», in *Le Magazine* (Centre national d'art et de culture Georges-Pompidou) n° 61, janvier 1991.

Lauri OTONKOSKI : «*Marea* - Beauty of structure, richness of expression», in *Finnish Music Quarterly* 2, 1991.

John WARNABY : «The music of Magnus Lindberg», in *Tempo* n° 181, juin 1991.

Julian ANDERSON : «The spectral sounds of Magnus Lindberg», in *The Musical Times*, novembre 1992.

Jouni KAIPAINEN : «Magnus Lindberg» (en français et en anglais), in *Chester Music brochure*, novembre 1992.

Tomi MÄKELÄ : «Magnus Lindberg - Changing Style» et «Viewpoints on Orchestration - Talks about texture», in *Finnish Music Quarterly* 3, 1992.

Jean-Noël von DER WEID : «Magnus Lindberg», in *Résonance* n° 3 (Ircam), 1993.

Editeurs :

Edition Wilhelm Hansen
Bornholmsgade 1
DK -1266 Copenhague K
Danemark
tél. : (45) 33 11 78 88
fax : (45) 33 14 81 78

Chester Music
8/9 Frith Street
Londres W1V 5TZ
Grande-Bretagne
tél. : (44) 71 434 00 66
fax : (44) 71 287 63 29

Fazer Music
BP 169
SF-02101 Espoo
Finlande
tél. : (358 0) 43 50 11
fax : (358 0) 455 21 62

Finnish Music Information Centre
Runeberginkatu 15 A 6
SF-00100 Helsinki
Finlande
tél. : (358 0) 40 97 14
fax : (358 0) 40 96 34

Abonnements

DIANE LIOTÉ
Service Communication • Ircam
1, place Igor-Stravinsky • 75004 Paris

les cahiers de l'Ircam, RECHERCHE ET MUSIQUE
Saison 93-94 : trois numéros
4. 4e trimestre 1993, *Les utopies*
5. 1er trimestre 1994, *L'espace*
6. 2e trimestre 1994, *L'acoustique instrumentale*
Le numéro : 100 F
Abonnement pour trois numéros
• France : 250 F
• Etranger : 300 F (250 F + 50 F de frais d'envoi)

les cahiers de l'Ircam, COMPOSITEURS D'AUJOURD'HUI
Saison 93-94 : trois numéros
4. 4e trimestre 1993, *Denis Cohen*
5. 1er trimestre 1994, *Philippe Hurel*
6. 2e trimestre 1994, *Kaija Saariaho*
Le numéro : 80 F
Abonnement pour trois numéros
• France : 200 F
• Etranger : 250 F (200 F + 50 F de frais d'envoi)

Abonnement couplé pour six numéros
Trois numéros RECHERCHE ET MUSIQUE + trois numéros COMPOSITEURS D'AUJOURD'HUI
• France : 400 F
• Etranger : 500 F (400 F + 100 F de frais d'envoi)

Numéros déjà parus :

les cahiers de l'Ircam, RECHERCHE ET MUSIQUE

Saison 92-93 : trois numéros

1. 4e trimestre 1992, *Composition et environnements informatiques*

2. 1er trimestre 1993, *La synthèse sonore*

3. 2e trimestre 1993, *La composition assistée par ordinateur*

Le numéro : 120 F

les cahiers de l'Ircam, COMPOSITEURS D'AUJOURD'HUI

Saison 92-93 : trois numéros

1. 4e trimestre 1992, *Michael Jarrell*

2. 1er trimestre 1993, *Marc-André Dalbavie*

3. 2e trimestre 1993, *Magnus Lindberg*

Le numéro : 80 F

Disponibles à l'accueil de l'Ircam ou par correspondance :

DIANE LIOTÉ

Service Communication • Ircam

1, place Igor-Stravinsky • 75004 Paris

Aubin Imprimeur
LIGUGÉ, POITIERS

IMPRESSION – FINITION

Achevé d'imprimer en juin 1993
N° d'impression L 43116
Dépôt légal juin 1993
Imprimé en France